Ernest Klassen · Man trifft sich nie von ungefähr

Ernest Klassen

Man trifft sich nie von ungefähr

Onkel Ernies Erlebnisse

johannis

Die Deutsche Bibliothek – CIP-Einheitsaufnahme:

Klassen, Ernest:
Man trifft sich nie von ungefähr: Onkel Ernies Erlebnisse / Ernest Klassen – 7. Aufl. Lahr : Johannis, 1998
(Edition C; T, Taschenbuch; 87)
ISBN 3-501-00269-6

Edition C-Taschenbuch Nr. 55087 (T 87)
7. Auflage 1998

Umschlaggestaltung: Regina Rolfes-Szendeleit
Gesamtherstellung:
St.-Johannis-Druckerei, 77922 Lahr
Printed in Germany 13509/1998

Inhalt

Vorwort

Deutschlands größte Bibelschule nahe der Stadt Lemgo feierte im Jahr 1988 ihr 30jähriges Bestehen. Gott segnet das Werk. Er schickt immer wieder junge Studenten und Studentinnen, die Gesamtzahl liegt durchweg zwischen 130 und 150. Und auch den Fluß der Spenden bestimmt er so, daß der am Rand der Ortschaft Brake auf dem Eickermannsberg in acht Gebäudekomplexen laufende Schulbetrieb schuldenfrei dasteht. Der Miterbauer und langjährige Geschäftsführer der Bibelschule Brake, der 1917 in Kanada geborene Mennonit Ernest Klassen, hat diese Schule maßgeblich geprägt und ist von ihr geprägt worden.

Nicht nur in der Bibelschule, sondern rund um den Globus, wo man ihn mit seiner schlichten Botschaft kennen und lieben gelernt hat, nennt man ihn Onkel Ernie. Seine Verkündigung ist vom zumeist übertrieben scholastischen Wesen deutscher Theologie unbefleckt geblieben und lebt ausschließlich aus dem unbefangenen Lesen des Wortes Gottes und jener typisch angelsächsisch-pragmatischen Exegese. Eine ältere Christin, die ihm zugehört hatte, äußerte hinterher: »Predigen kann er ja nicht – aber großartig erzählen!« Onkel Ernie könnte problemlos anders, wenn er wollte. Aber er will nicht. Absichtlich hält er Person und Predigt nicht auseinander, sondern teilt die Botschaft vom Heil in Jesus Christus und sich selbst, also das, was in seinem Herzen ist, den Menschen mit.

Diesen Dienst – das wissen alle Gotteskinder, die Onkel Ernie kennen – hat Gott über Jahrzehnte immer wieder bestätigt. Vor allem dadurch, daß Onkel Ernie immer neue Menschen zur ganzen Lebensentscheidung für Jesus Christus führen durfte und darf. Onkel Ernies Erlebnisse und Verkündigung sind nicht voneinander zu trennen. Er berichtet und evangelisiert und ermutigt zur persönlichen Evangelisation in einem. Für den Text dieses Buches hat er seine Erinnerungen auf Tonband gesprochen (seine zuweilen der deutschen Grammatik gegenüber unbeholfene, gleichzeitig von manchen Anglizismen durchsetzte Ausdrucksweise in halbwegs druckreifes Deutsch umzuformulieren war ein Unterfangen, das einerseits viele Nüsse zu knacken gab, andererseits viel Freude gemacht hat).

Onkel Ernie hat sich vor seiner Rolle als Bibelschullehrer und Geschäftsführer immer in erster Linie als Evangelist verstanden. Was ist nun der Unterschied zwischen Billy Graham und Onkel Ernie? Wenn es um den Bekanntheitsgrad geht, ein riesengroßer. Wenn es um die Methodik geht, ein relativ geringer; denn auch Billy Graham predigt sehr schlicht und einfach. Wenn es um das Fundament geht, gibt es überhaupt keinen Unterschied. Beide kennen und verkündigen ein und denselben Herrn Jesus Christus. Ihn allein will Onkel Ernie in den Vordergrund rücken. Hinter ihn allein will er ganz zurücktreten. So endet Ernest Klassen seine Erinnerungen mit dem Bekenntnis: »Das eine Gebot ist sehr klar und deutlich, daß wir seine Zeugen sein sollen. Jedesmal, wenn ich den Herrn Jesus bezeuge, dann freue ich mich, daß er den Mut schenkt und daß ich weiß, es ist nicht vergeblich, für den Herrn zu leben. So hoffe ich, daß mein kleiner Bericht eine Ermutigung sein möge, daß wir dadurch so manch einem ein Wegweiser sein können zum Herrn.«

»Wir müssen zu ihnen hingehen«

Was ich grundsätzlich betonen möchte, ist: Ohne Jesus Christus ist jeder verloren. Die einzige Möglichkeit, die ein Mensch hat, um errettet zu werden, ist, den Namen des Herrn anzurufen. Der Herr Jesus hat die Aufgabe gegeben, sein Wort weiterzugeben. Und so sind wir, die wir sein Eigentum sind, verantwortlich, die Botschaft weiterzusagen.

Normalerweise kommen die Menschen nicht zur Kirche oder zur Evangelisation, um die Botschaft zu hören. Wir müssen zu ihnen hingehen. Jesus hat gesagt: »Gehet hin in alle Welt und verkündiget die Botschaft!« Deshalb versuche ich gern, durch Beispiele andere zu ermutigen, den Willen des Herrn zu tun. Ich selbst habe dabei immer wieder viele Fehler gemacht, und oft bin ich bei den Leuten sehr schlecht angekommen. Aber da und dort ist es immer wieder einmal gelungen, Menschen zu Jesus zu führen. Und das hat mich dann jedesmal sehr ermutigt. Was mir auch immer wieder hilft, ist, daß Jesus sagt: »Es ist Freude im Himmel über einen Sünder, der Buße tut.« Schon deshalb ist es gut, daß wir versuchen, hier und da den einzelnen Menschen mit dem Evangelium zu erreichen.

Der Anfang des Dienstes

Ich komme aus Saskatchewan in Kanada. Mit sechzehn Jahren habe ich den Herrn Jesus kennengelernt, mit siebzehn habe ich mein Leben dem Herrn übergeben und gesagt, ich bin bereit, ihm zu dienen, solange ich lebe.

Deshalb darf ich auch jetzt nicht in den Ruhestand treten, denn ich habe damals keine Grenze gesetzt, und von der Bibel her meine ich auch nicht, daß mit fünfundsechzig die Möglichkeiten des Dienstes alle vorbei sind.

Ich hatte das Vorrecht, eine Bibelschule in Kanada besuchen zu dürfen. Da wurde es mir klar gemacht, daß wir die Botschafter an Christi statt sind und daß Jesus uns gebrauchen möchte, um die Frohe Botschaft weiterzusagen. Im 2. Korintherbrief, Kapitel 5, Vers 15, lesen wir, daß Jesus darum für alle gestorben ist, auf daß die, die da leben, hinfort nicht sich selbst leben, sondern dem, der für sie gestorben und auferstanden ist. Gerade in Saskatchewan in Kanada waren in den Jahren 1928 bis etwa 1937 insgesamt 23 Bibelschulen entstanden. Und Saskatchewan hat nicht einmal ganz eine Million Einwohner. Es ist nur eine Provinz. Aber überall wurden kleine Bibelschulen eröffnet, die meistens auf überkonfessioneller Basis. Und dadurch hatten viele junge Leute – und ich auch – das Vorrecht, die Bibel ein bißchen besser kennenzulernen. Aus diesen Bibelschulen gingen dann viele junge Menschen hervor, die in die verschiedenen Missionsländer der Welt reisten. In unserer Familie fing es auch an. Da ging eine Schwester von mir nach Afrika, später eine andere Schwester nach Indien – und so war »Mission« bei uns kein Fremdwort. Wir wußten, daß das Gottes Absicht war für seine Kinder. Das geschah zum großen Teil eben durch diese Bibelschulen.

Meine Frau und ich kommen beide aus Kanada. Die Frage wird uns oft gestellt, ob wir früher von anderswo nach Kanada ausgewandert sind. Meine Eltern sind auch schon in Kanada geboren, und soweit ich weiß, sagte mein Vater, daß seine Eltern von Rußland nach Kanada umgesiedelt waren. Die Eltern meiner Frau kamen aus Großbritannien. So sind wir schon einigermaßen ziemlich echte Kanadier – wenn es sowas überhaupt gibt. Wir waren seit 1955 in Deutschland, und damals kamen wir, weil uns die Frage gestellt wurde, ob wir bereit wären, dort den Versuch zu wagen, eine Bibelschule zu eröffnen, in der Art und Weise wie Gott es auch in Kanada so wunderbar geführt hatte. Wir hatten zuerst Hemmungen und fragten, ob das wohl auch in Deutschland gehen würde. Die würden wahrscheinlich gar nicht zufrieden sein mit unserer so ganz einfachen Art und würden ja wohl etwas viel Intelligenteres wissen und sehen wollen.

Aber wir waren – was soll ich sagen? – einfach genug, es einmal auszuprobieren. Und von Anfang an kam es sehr gut an. Gleich im ersten Jahr hatten wir schon 13 Schüler, acht junge Männer und fünf Mädchen. Im zweiten Jahr waren es schon 28, im dritten Jahr waren es 56 und im vierten bereits 76. Die Arbeit wuchs sehr schnell.

Es ist in Wirklichkeit so: Wenn man die Bibel verkündigt, geht es gar nicht darum, was ich denke oder was wir denken, was die Bibel sagt, sondern vielmehr um die Frage: Was sagt die Bibel? Es ist möglich, unsere Gedanken in die Bibel hineinzulesen. Man findet dann einen Vers, der sagt tatsächlich das, was ich gerne haben will, und dann hält man sich an solche Verse. Aber es ist viel gesünder und das einzig Richtige, Gottes Gedanken aus der Bibel herauszulesen. Das war immer unser Anliegen. Und es scheint deshalb so gut angenommen worden zu sein, weil wir einfach und schlicht die Bibel unterrichtet haben.

Wenn die Bibel uns sagt: »Wir sind Botschafter an Christi statt«, dann wollen wir uns diese Wahrheit vor Augen halten und uns fragen, wie weit wir bereit sind, unser Amt auszuführen. Es ist nicht eine Gabe, sondern ein Befehl, daß wir von ihm zeugen sollen. Ein jeder von uns ist Zeuge – entweder ein guter oder ein schlechter. Indem wir den Herrn Jesus kennengelernt haben und Gottes Kinder geworden sind, haben wir den Auftrag, vom Herrn weiterzusagen. Als Jesus in diese Welt kam, wurde ihm ein Leib bereitet. Als der Heilige Geist kam, wurde ihm kein besonderer Leib bereitet, sondern er nahm Besitz von den Seinen, und so will er durch unsere Lippen sprechen, mit unseren Füßen laufen, mit unseren Händen geben, mit unseren Herzen lieben. Und er kann das nur tun, wenn wir bereit sind, ihm unsere Glieder zu weihen.

Unser Nachteil – Gottes Vorteil

Als Junge hatte ich die deutsche Sprache gehört, denn ich war in einer deutschen Gemeinde. Ich hatte aber nie deutsch gesprochen. Als wir 1955 nach Deutschland kamen, wurde ich sogleich im ersten Herbst gebeten, eine Evangelisation zu halten, weil man keinen Evangelisten fand, der die Arbeit tun konnte. In einem Zelt in Kirchlängel fing ich an. Ich hatte furchtbare Schwierigkeiten, deutsch zu sprechen. Die Leute mußten sehr aufmerksam zuhören, um zu erfahren, was ich überhaupt sagen wollte. Das hat, sagten sie mir später, einen sehr großen Vorteil gehabt. Sie hätten noch nie so viel in einem Gottesdienst mitdenken müssen wie bei mir, weil sie auszugrübeln versuchten, was ich wohl sagen wollte. – Gerade innerhalb dieser ersten Evangelisation kam eine ganze Reihe Menschen zur Entscheidung.

Sechsfache Ermutigung eines Praktikers zu persönlicher Evangelisation

Neben meiner Arbeit bei Evangelisationen, mal in einem Zelt, mal in einem Saal, habe ich über all die Jahre auch versucht, persönliche Evangelisation zu treiben und andere Christen zu ermutigen, dies selbst auch zu tun. Meistens ist es mein einziges Anliegen, den Zuhörer nur auf den Herrn Jesus hinzuweisen, vielleicht durch einen Satz.

Evangelisieren mit dem Wort und der Verheißung des Herrn

Was mich immer wieder ermutigt hat, ist erstens die Verheißung der Bibel, daß Gottes Wort nicht leer zurück kommt. Wenn es auch in Schwachheit gesät wird, so wird es doch seine Wirkung haben. Das ist für mich ein großer Trost. Wenn ich mit Leuten spreche, versuche ich auch immer wieder, einen Bibelvers zu zitieren. Denn dann darf ich die Verheißung des Herrn durch Jesaja, Kapitel 55, Verse 10 und 11, direkt in Anspruch nehmen.

Es bleibt immer etwas hängen

Was mich, zweitens, ermutigt, ist, daß immer etwas hängen bleibt. Ich hatte einen Anhalter im Auto mitgenommen, einen 62jährigen Mann. Als ich mit ihm über den Herrn Jesus sprach, war er sehr ablehnend. Ich versuchte von der einen und von der anderen Seite, ihn zu erreichen. Aber es war anscheinend vergeblich. Als ich anhielt, weil er aussteigen wollte, sagte ich zu ihm: »Es tut mir sehr leid. Sie müssen eines Tages vor Gott stehen, und ich wollte Ihnen so gerne helfen, aber Sie haben alles abgelehnt, was ich Ihnen gesagt habe.« Er hatte schon einen Fuß aus dem Auto heraus, da guckte er mich an und sagte: »Sie würden staunen, wieviel doch hängengeblieben ist!« Das war und bleibt für mich eine ganz große Ermutigung: Es bleibt immer etwas hängen.

Freude im Himmel angestiftet

Drittens ermutigt mich immer wieder, daß die Dreieinigkeit Gottes in mir wohnt. Im Johannesevangelium, Kapitel 14, Vers 17, sagt der Herr Jesus über den Geist Gottes: »Ihr aber kennet ihn, denn er bleibt bei euch und wird in euch sein.« Und in Vers 23 sagt Jesus: »Wer mich liebt, der wird mein Wort halten; und mein Vater wird ihn lieben, und wir werden zu ihm kommen und Wohnung bei ihm machen.« So ist die Dreieinigkeit Gottes in uns. Und wenn wir mit jemand sprechen, dann sind wir in der Mehrzahl. Sogar die Engel sind interessiert an solch einem Gespräch, denn die Bibel sagt: »Es ist Freude im Himmel über einen Sünder, der Buße tut.« Wenn ein Mensch Buße tut, das heißt, er kehrt von seinen bösen Wegen um und tritt auf den schmalen Weg, dann freuen sich die Engel. Ich kann mir nichts Schöneres denken, als daß es möglich ist, daß ich durch meinen Dienst Freude im Himmel anstifte.

Viertens, wenn das Johannesevangelium sagt: »Das war das wahrhaftige Licht, welches alle Menschen erleuchtet, die in diese Welt kommen«, dann gibt es keine Atheisten. Wenn jemand betont, ein Atheist zu sein, ist das gewöhnlich ein Zeichen dafür, daß er wohl an Gott glaubt, aber lieber nicht an ihn glauben möchte und deshalb versucht, ihn zu verleugnen.

In Heidelberg hielt ich an einer Tankstelle an. Da standen auch zwei junge Männer, etwa achtzehn oder neunzehn Jahre alt. Als ich mit ihnen über ihre Zukunft sprach und darüber, wie sie wohl eines Tages vor Gott stehen würden, lachten sie und sagten: »Wenn wir sterben, dann ist alles aus – wir verfaulen, und damit ist alles vorbei.« Ich sagte: »Jungens, das sagt ihr mit eurem Mund, aber tief in eurem Herzen ist eine andere Stimme!« Der Tankwart, ein Mann von vielleicht 55 Jahren, kam zu uns und sagte: »Hört mal gut, was der Mann sagt, das stimmt! Ich war Soldat in Rußland, habe laut gebrüllt mit meiner Faust gegen den Himmel: ›Es gibt keinen Gott!‹ Aber tief in mir war immer eine Stimme, die das verneinte. Ich wußte, daß es einen Gott gibt.« Das ist für mich immer wieder eine Hilfe, zu wissen, daß die Menschen an Gott glauben – und sie brauchen Hilfe, um mit ihm Frieden zu machen.

Frieden auf Erden nur durch Frieden mit Gott

Und das ist das Fünfte: Der Mensch sucht Frieden. Wir waren in Afrika, und wir fuhren zu zweit im Auto. Da ging eine Dame die Straße entlang. Wir haben sie mitgenommen. Als sie ins Auto gestiegen war, fragte ich sie: »Was ist für Sie das Wichtigste im Leben?« Ohne zu zögern antwortete sie: »Frieden zu haben.« So erklärte ich ihr: »Sie können nur Frieden hier auf Erden haben, wenn Sie erst Frieden mit Gott haben.« Dann durfte ich ihr ein kurzes Zeugnis geben, wie sie Frieden mit Gott finden könnte.

Das Gewissen ist stets auf der richtigen Seite

Jetzt noch das Sechste: Wenn ich mit jemand spreche, weiß ich, daß ich sein Gewissen auf meiner Seite habe. Tief im Herzen des anderen ist eine leise Stimme, die sagt: »Auch ich sollte mich darauf vorbereiten, eines Tages vor Gott zu stehen.« Über viele Jahre bin ich in der Bibelschule Brake Geschäftsführer gewesen. Es sind viele Leute ins Haus gekommen, darunter manche Vertreter von verschiedenen Firmen. Mit Gottes Hilfe habe ich versucht, jedem Vertreter ein Zeugnis zu geben und ihn auf das Allerwichtigste hinzuweisen. Eines Tages war ein schon etwas älterer Mann bei uns, er schien auch etwas härter zu sein durch seinen Dienst und seine Erfahrungen. Als ich mit ihm sprach, sagte ich: »Wissen Sie, tief in Ihrem Herzen sagt Ihnen eine Stimme, was dieser Mann mir jetzt sagt, ist richtig.« Er sah mich an, als ob ich ein Prophet wäre, und meinte: »Gestern ist mein Arbeitskollege beerdigt worden, und auf dem Weg hierher habe ich heute an diesen Mann gedacht und an die Ewigkeit . . . Und so wie Sie mit mir sprechen, ist es wohl wahr. Das Gewissen ist auf Ihrer Seite.«

Dem Dienst folgt sechsfacher Lohn auf dem Fuße

Erfrischung

Oft habe ich erfahren, daß, wenn ich den Dienst der persönlichen Evangelisation tue, die Folgen sehr vielfältig sind.

Erstens, wenn mir die Liebe des Herrn nicht mehr aktuell scheint und mein Herz sich kalt fühlt, dann merke ich: Wenn ich mit jemandem spreche, um ihn zu Jesus zu führen, wird mein Herz warm. Vor vielen Jahren war ich auf dem Weg von Bensheim an der Bergstraße nach Wiesbaden, um dort unter den Amerikanern einen Dienst zu tun. Schon früher hatte ich dem Herrn versprochen: Wenn Anhalter an der Straße stehen, werde ich sie mitnehmen. An dem Tage aber wünschte ich mir, daß dort niemand stehen würde, denn mir war nicht danach zumute, und ich hatte keine Lust und kein Interesse, irgend jemandem von Jesus weiterzusagen. Ich hatte den Gedanken kaum zu Ende gedacht, da stand auch schon jemand an der Straße. Weil ich dem Herrn das Versprechen gegeben hatte, hielt ich an und nahm ihn mit. Es war ein Student von der Universität Köln. Wir hatten noch nicht sehr lange gesprochen, da sagte er ganz einfach, daß er sehr interessiert wäre, zu erfahren, wie man wirklich Frieden mit Gott haben könnte. Ich durfte es ihm zeigen – und mein Herz wurde warm.

Da habe ich sogar die Ausfahrt der Autobahn verpaßt, weil ich ihm in meinem Eifer vom Herrn Jesus und von allem, was er für ihn tun würde, erzählte. Wir fuhren bis zur nächsten Ausfahrt. Ich hielt an und fragte: »Sollen wir zusammen beten?« Das haben wir getan. Wir hatten gerade gebetet, da hielt ein anderes Auto an, und der Fahrer fragte, ob ich ihm helfen könnte, die richtige Ausfährt nach Köln zu finden. »Oh, ich kann Ihnen noch besser helfen«, war meine Antwort, »ich schicke Ihnen jemand mit, der sich in Köln auskennt.« Dann sagte ich zu dem jungen Mann: »Das ist jetzt schon der zweite Segen. Erst sind Sie ein Gotteskind geworden, jetzt dürfen Sie mitfahren und auch diesem Mann von Ihren Erfahrungen weitersagen!«

Ich war so neu belebt – und das war, glaube ich, auch zu merken an der Botschaft, die ich den Soldaten in Wiesbaden gab. Als ich dort zum Schluß aufforderte, sich für Jesus zu entscheiden, kamen sechs Soldaten nach vorn, um dies zu bezeugen.

Einigkeit

Zweitens habe ich auch erfahren: Wenn man mit anderen hinausgeht und versucht, Seelen zu gewinnen, dann ist man eine gewisse Einheit. Man kann lange über theologische Dinge diskutieren, und je länger man diskutiert, um so weiter kommt man auseinander. Wenn man aber mit jemand auf die Straße geht, um für den Herrn Jesus zu werben, dann kommt man sich näher. Das ist meine Erfahrung über Jahre gewesen. So ist es immer in der Reichsgottesarbeit gewesen: Wenn man erst anfängt, verschiedene theologische Ansichten zu vergleichen und darüber zu diskutieren, kommt es sehr oft zu Streit, Uneinigkeit und sogar Trennungen. Wenn aber eine Gemeinde, eine Bibelschule oder eine Missionsgesellschaft sich auf die Frage konzentriert: »Wie können wir den Feind besiegen«, dann ist da Einheit und Eifer und Liebe.

Neuer Appetit auf das Brot des Lebens

Drittens habe ich auch erfahren: Wenn ich wirklich aktiv bin für den Herrn und von ihm zeuge, dann wird die Bibel wieder neu interessant. Mit anderen Worten: Wenn dir die Bibel trocken erscheint, die stille Zeit schwierig wird, dann ist es Zeit, daß du dir überlegst, wem könntest du dieses herrliche Evangelium weitersagen. Indem du das tust, wirst du merken, daß der Herr dein Herz auf ganz wundersame Weise wärmen wird, und du wirst ganz neu einen großen Appetit haben auf das Brot des Lebens.

Freude

Viertens kommt mir oft dies in den Sinn: Wenn ich als Zeuge für ihn tätig bin, ist im Himmel Freude, denn die Bibel sagt: »Es ist Freude im Himmel über einen Sünder, der Buße tut.« Die Bibel sagt nicht, daß da Freude ist, wenn fünftausend gespeist oder wenn zehntausend gesund gemacht werden. Gewiß ist das auch schön, aber in den Augen Gottes ist nun einmal die Seele das Allerwertvollste. Unseren Leib, so sagt Jesus, müssen wir sowieso einmal eines Tages zur Seite legen. Die Seele aber lebt in alle Ewigkeit, entweder im Himmel oder in der Hölle – und deshalb freuen sich die Engel im Himmel, wenn eine Seele zu Jesus kommt.

Beschleunigung der Wiederkunft des Herrn

Das Fünfte, was durch treuen Zeugendienst geschieht, ist eben, daß wir helfen, das Kommen des Herrn Jesus für seine Gemeinde zu beschleunigen. Denn Jesus tut alles mit Maß. Wir finden in der Schrift, daß dann die Entrükkung stattfindet, wenn die Zahl der Erlösten voll sein wird. Der Herr Jesus wird wiederkommen. Wenn du wünschst, daß Jesus bald wiederkommt, dann solltest du mit allen deinen Kräften, suchen und selig machen, was verloren ist, damit die Gemeindezahl voll wird.

Gesunde Selbstprüfung

Und sechstens: Zu Petrus hat Jesus gesagt, daß er ihm folgen sollte, und er würde ihn zu einem Menschenfischer machen. Wenn wir Jesus folgen, werden wir versuchen, Menschen für Jesus zu gewinnen. Wenn wir daran kein Interesse haben, müssen wir uns fragen: »Folge ich ihm wirklich?« Im Lukasevangelium lesen wir: »Des Menschen Sohn ist gekommen, zu suchen und selig zu machen, was verloren ist.« Wenn ich Jesus folge, werde ich dasselbe Interesse haben wie er auch, und ich werde versuchen, Menschen zu Jesus zu führen. Paulus schrieb dem Timotheus, daß er das Wort predigen solle zur Zeit und zur Unzeit. Das bedeutet nicht unbedingt, daß er in einer Kirche stehen muß oder in einem Zelt. Die Hauptsache ist, daß die Botschaft vom Herrn Jesus weitergesagt wird, wo immer es überhaupt möglich ist. Paulus hat sinngemäß gesagt: Kaufe die Gelegenheiten aus, und mache neue Gelegenheiten!

Mit dem Herrn und für den Herrn auf Reisen um die Welt

In den letzten Jahren bin ich sehr viel unterwegs gewesen, und in verschiedenen Ländern habe ich »Ehemalige« unserer Bibelschule besucht. Wir zählen, seit wir 1955 mit der Bibelschule anfingen, bis heute etwa 640 Absolventen, die den dreijährigen Kursus gemacht haben. Sie dienen dem Herrn in über 40 Ländern auf der ganzen Erde. Voriges Jahr machte ich eine Besuchsreise nach Südostasien, Australien, Neuseeland und Japan. Ehe ich wegfuhr, sagte ich den Schülern: »Betet für mich, daß ich die Gelegenheiten auskaufe, Menschen denen ich begegne, und auch Reisegefährten von Jesus zu sagen.«

Es wurde interessant. Und ich kann zur Ehre Gottes sagen, daß ich mit allen, außer mit zweien, in ein gutes Gespräch kam. Einer war ein Japaner, der weder englisch noch deutsch sprechen konnte. Das andere war ein deutsches Ehepaar, mit dem ich nicht in ein gutes Gespräch kommen konnte. Sonst hat Gott wunderbare Gnade geschenkt, und immer wieder durfte ich auf das Wichtigste zu sprechen kommen.

Kontakte durch Babysitting

Als ich mich – es war auf einer längeren Reise – um das Gespräch mit jenem deutschen Ehepaar bemühte und ich bei den beiden nicht gut ankam, bemerkte ich nach einer gewissen Zeit etwa drei Sitzreihen vor mir eine junge Frau mit einem etwa acht Monate alten Kind. Der

Junge war sehr unruhig. Ich konnte sehen, daß auch die Mutter ungeduldig wurde. Der Junge wollte nicht schlafen, und der Flug dauerte insgesamt 14 Stunden. Ich stand auf und sagte zu ihr: »Bitte, lassen Sie mich mal diesen Jungen nehmen, dann haben Sie Gelegenheit, ein bißchen zu ruhen.« Das hat sie dankbar angenommen. Im Laufe dieses Fluges habe ich ihr den Jungen dreimal abgenommen, damit sie Zeit für das Essen hatte. Dadurch entstand eine ganze Reihe von Verbindungen und Gesprächen. Die Leute wurden neugierig. Wer ist wohl dieser Mann, der sich um fremde Kinder kümmert? Auch das deutsche Ehepaar, neben dem ich saß, wurde allmählich offen für das, was ich sagen wollte. Dabei dachte ich an das Wort von Corrie ten Boom, daß große Türen auf kleinen Scharnieren hängen. Vielleicht ist man selbst nur so ein ganz kleines Scharnier, und Gott kann dadurch eine große Tür öffnen.

Gott braucht kein Flugzeug

Auf meinen vielen Flügen habe ich auch gemerkt, daß besonders die Stewardessen sehr offen für Gespräche sind. Sie werden ja dafür bezahlt, freundlich zu sein und ihren Passagieren zu dienen. Es ist immer leichter, mit einer freundlichen Person zu sprechen als mit einer unfreundlichen. Ich saß und las in meiner Bibel, und zwischendurch sah ich zum Fenster hinaus. Da kam eine Stewardeß, zu der sagte ich: »Da unten sind so viele Wolken – ich möchte Ihnen mal zeigen, was ich hier lese.« Es war gerade der 104. Psalm, und ich wies auf Vers 3 hin, wo es heißt, daß Gott die Wolken zu einem Wagen macht. »Sehen Sie, Gott braucht kein Flugzeug«, sagte ich, »er kann auf den Wolken fahren.« Sie fragte:

»Was ist das für ein Buch?« Ich sagte: »Das ist die Bibel.« Sie meinte: »Oh, das müßte ich auch etwas mehr lesen.« – »Ja«, sagte ich, »dazu wollte ich Sie ermutigen.« Im Laufe des Fluges konnte ich auch mit den anderen drei Stewardessen ein kurzes Wort wechseln.

Auch Stewardessen müssen einmal sterben

Auf einem anderen Flug redete ich ebenfalls mit einer Stewardeß. Sie setzte sich zu mir, und im Gespräch sagte sie: »Fünfzehn Jahre lang laufe ich schon an einer Kirche vorbei, und oft habe ich gedacht, ich müßte mich auch mal damit befassen – denn auch ich muß eines Tages sterben.« Wir kamen in ein sehr wertvolles Gespräch. Ich glaube, ihr wurde geholfen. Als ich das Flugzeug verließ, kam sie noch einmal und bedankte sich herzlich, daß ich mir die Zeit genommen hätte, mit ihr zu sprechen.

Geographie und Mathematik: alles mit der Bibel

Bevor ich nach Puerto Rico kam, wo unsere Tochter und unser Schwiegersohn im Missionsdienst waren, hatte ich bei ihnen im voraus angefragt, ob es irgendwelche Möglichkeiten gäbe, ein Zeugnis zu sagen. Ich würde meinen Besuch in Puerto Rico desto mehr schätzen, wenn ich die Möglichkeit hätte, Zeugnis zu geben. Als ich ankam, sagte meine Tochter, sie hätten in einer Schule vorgesprochen, und ich dürfte dort eventuell ein Gespräch führen oder eine Stunde halten über Geographie. Sie wollten aber nichts Religiöses hören. Ich war einverstanden und ging dann in die 9. Klasse, um etwas über Geographie zu sagen und einige Lichtbilder von Südostasien zu zeigen. Zuerst aber erklärte ich den Schülern: »Ehe ich anfange, muß ich noch kurz von meiner Herkunft berichten und auch von meiner Tätigkeit.« So konnte ich ihnen sagen, daß ich von Kanada komme, mit sechzehn Jahren zum Glauben an Jesus Christus gekommen sei, und in Deutschland als Lehrer an einer Bibelschule tätig sei und jetzt unterwegs, um ehemalige Schüler in verschiedenen Ländern zu besuchen.

Ich zeigte ihnen die Bilder und berichtete ein wenig über meine Arbeit. Zwischendurch klingelte es zur Pause. Die Schüler blieben alle sitzen. Ich sagte: »Es ist Pause, wir wollen jetzt alle hinausgehen.« Sie fragten aber: »Können Sie nicht länger bleiben? Bleiben Sie doch noch eine Stunde!« – »Oh«, sagte ich, »das bestimme ich nicht.« Aber die Lehrerin sagte sofort: »Jawohl, Sie dürfen noch eine Stunde halten.« Nach einer kurzen Pause sprachen wir nicht mehr von Geographie, sondern es kamen viele Fragen: »Wie kann man wissen, daß man ein Gotteskind ist?« – »Wie kann man sich auf Jesu Kommen vorbereiten?« Diese Schule war eine Privatschule mit vielen Kindern von Diplomaten aus anderen Ländern. Als die Stunde zu Ende war, bedankte ich mich bei der Lehrerin, und sie fragte mich: »Können Sie nicht noch einmal wiederkommen?« – »Es gibt nur noch eine Möglichkeit«, sagte ich, weil ich nur an einem bestimmten Tag eventuell noch ein paar Stunden Zeit hätte. »Das ist gut«, meinte sie, »da habe ich mit der 10. Klasse zwei Stunden Mathematik. Könnten Sie vielleicht auch zwei Stunden Mathematik unterrichten?«

Ich ging hin und sagte den Schülern, die Bibel sei auch ein gutes Buch für den Mathematikunterricht. So können wir in Prediger 3 lesen: »Es gibt eine Zeit, geboren zu werden, und eine Zeit, zu sterben.« Ich erwähnte dann die verschiedenen Zeiten, die in diesem Kapitel geschildert werden, und meinte: »Dieses wäre eine gute Zeit, in der man sich einmal fragen sollte, wie kann ich mich für das, was noch zukünftig ist, irgendwie vorbereiten?« Auch dies war eine sehr gute Stunde, und ich bekam viele Fragen gestellt. Die Lehrerin, römisch-katholisch, war dankbar, daß sie selbst viele ihrer Fragen endlich beantwortet bekam.

So hat Gott meinen Besuch in Puerto Rico gesegnet. An einer weiteren Schule, in der ich auch zwei Stunden halten konnte, in einigen Gemeinden und vor einem Verein von wohlhabenden Männern konnte ich Zeugnis geben. Ich war dankbar für diese Gelegenheiten, auch in diesem für mich unbekannten Teil der Erde ein Zeugnis zu sein.

Schmuckverkäuferinnen in Hongkong

Auf meiner Reise durch Südostasien war ich eines Tages in Hongkong. Dort mußte ich umsteigen und hatte ein paar Stunden Aufenthalt. An einem Tisch, auf dem allerhand Schmucksachen wie Armbänder und Halsketten zum Verkauf angeboten wurden, sah ich mehrere chinesische Mädchen stehen. Sie sprachen alle gut englisch. Ich stellte ihnen die Frage, ob sie jemals überlegt hätten, daß der Schöpfer, der sie geschaffen hätte, vielleicht noch etwas mehr für ihr Leben zu bieten hätte als nur acht oder neun Stunden lang jeden Tag Schmuck zu verkaufen. »Wissen Sie, wenn wir so unseren eigenen Leib betrachten, die Augen, die Ohren und unser ganzes Wesen, dann sind wir doch wunderbare Geschöpfe«, sagte ich, »und wenn ich an die Seele denke, kann es da nicht sein, daß Gott, der uns geschaffen hat, etwas mehr mit uns vorhat als nur fünf Tage Arbeit in der Woche?«

»Aber«, habe ich den Mädchen dann weiter erklärt, »wie könnten wir auch wissen, was unser Schöpfer vorhat, wenn er uns nicht irgendwie Auskunft gäbe? Er gibt uns Auskunft. Ich habe hier in meiner Hand ein Buch. In diesem Buch sagt uns der Schöpfer, wie unser Leben aussehen soll.« So durfte ich diesen Mädchen auf meiner Zwischenstation in Hongkong das Evangelium verkünden und ihnen auch anhand meines eigenen Lebens sagen, daß ich selber in der Jugend den Herrn Jesus als Herrn angenommen hätte. Ich empfahl ihnen, Gottes Wort zu studieren und auch diesen Herrn Jesus persönlich kennenzulernen und ihm zu dienen. Gute Literatur hatte ich dabei und durfte ihnen allen etwas davon geben.

Freiversammlung im Flughafen von Manila

Als ich im Herbst 1981 in Manila war, traf ich im Flughafengebäude einen Perser. Er sagte, er käme aus dem persischen Golf, wäre Lehrer an einer philippinischen Universität und unterrichte den Koran. »Ich komme gerade aus einem Gebiet, das hundertprozentig moslemisch ist«, sagte ich zu ihm, »und dort schien es den Menschen eine große Frage zu sein: Wer ist größer, Mohammed oder Jesus?« Wenn wir beide nun versuchen würden, erklärte ich ihm, diese Frage zu beantworten, dann müßten wir uns wahrscheinlich fragen, was für Werke jeder von ihnen getan habe. Allein das könne der Beweis dafür sein, wer größer ist.

»Der Herr Jesus hat nicht nur Tote auferweckt«, sagte ich ihm, »er ist selber von den Toten auferstanden.« Mohammed habe einmal eine kleine Schüssel voll Dünger gehabt und damit ein sehr großes Feld gedüngt, hielt er mir dagegen und fügte gleich hinzu: »Sie haben auch nicht die richtige Bibel, und wir Mohammedaner beten fünfmal am Tag, das ist besser, als das, was Sie tun.« Ich antwortete: »Meine Bibel sagt mir, wir sollen allezeit beten. Und ich habe jetzt schon für Sie gebetet, während ich mit Ihnen gesprochen habe.«

Er war sichtlich überrascht. Dann sprachen wir zusammen über das Wichtigste, nämlich daß Jesus Christus nicht nur gestorben, sondern auch auferstanden ist. Mohammed aber ist gestorben und nicht wieder auferstanden. Danach ging ich aus der Halle hinaus. Zwei andere Mohammedaner folgten mir jedoch. Sie sagten: »Wir haben das Gespräch gehört.« Durch meine laute Stimme hatten wohl viele, die im Flughafengebäude waren, dem Gespräch zugehört, denn es standen viele herum, die auf den Abflug ihres Flugzeugs warteten. Die beiden sagten unter anderem zu mir: »Wir Mohammedaner lehren Religionsfreiheit.« – »Das sagen Sie theoretisch«, antwortete ich, »aber in der Praxis stimmt es nicht.« Die beiden behaupteten: »Das stimmt doch!« – »Nein«, habe ich ihnen gesagt, »praktisch stimmt das nicht. Ich war in einem Gebiet, wo nur Mohammedaner sind. Da sprach ich mit einem Rechtsanwalt und habe ihn gefragt, ob er es billigt, wenn einer von ihnen Christ werden würde. Er sagte: ›Nein, das würden wir nicht, weil wir wüßten, daß er nur Christ geworden ist, weil ihn jemand überredet hat – und dadurch hätte er nicht seine eigene Freiheit praktizieren können!‹«

Mission zu Beginn der Reise

Als ich meine Reise begann, fuhr ich mit dem Zug von Detmold bis Frankfurt am Main. Mit mir im Abteil saß eine Frau. Ich fragte sie, wo es denn hingehe. »Nach Frankfurt fahre ich«, war ihre Antwort. »Ist jemand da, der Sie abholen wird?« – »Ja, mein Mann wird da sein.« An dieser Antwort konnte ich anknüpfen: »Es ist immer schön, wenn man irgendwo ankommt, im Flughafen oder auf dem Bahnhof, und jemand ist da, der einen abholt.« Manchmal werde das Leben mit einer Reise verglichen, die Geburt sei der Anfang, der Tod das Ende, erklärte ich ihr, und es sei gut, wenn am Ende dieser Reise jemand stehe und bereit sei, uns zu begrüßen.

»So war es, als Stephanus gesteinigt wurde«, sprach ich weiter. »Das können Sie in der Apostelgeschichte im 7. Kapitel nachlesen. Er – Stephanus – hob seine Augen auf und sah, daß der Herr Jesus ihn schon erwartete. Ebenso können wir, wenn wir vorher eine Vereinbarung treffen, wissen, daß der Herr Jesus am Ende unserer Lebensreise steht und uns erwartet.« Um es ihr deutlich zu machen, führte ich die Frau noch einmal auf ihr eigenes Erlebnis zurück: »Ihr Mann würde in Frankfurt nicht am Bahnhof sein, wenn er nicht wüßte, daß Sie kommen. Weil Sie aber eine Vereinbarung getroffen haben, wird er Sie abholen.«

Evangelisation am Ende der Reise

Als die Reise zu Ende war und ich von Frankfurt mit dem Zug nach Detmold fuhr, waren zwei Frauen im Abteil. Ich war ziemlich müde, weil ich schon 42 Stunden an einem Stück unterwegs war, und wollte mich ein wenig ausruhen. Aber als die Frauen so miteinander sprachen, wurde ich plötzlich ganz wach. Es schien eine gute Einstiegsmöglichkeit zu geben, und so sprach ich mit den Frauen über das Evangelium. Sie waren sehr offen und hörten gut zu. Bald mußte die eine aussteigen. Die andere blieb noch im Abteil. Ich sprach mit ihr weiter über das Wunder der Vergebung und die Gewißheit des Heils. Die Frau hörte sehr aufgeschlossen zu. Zuletzt beteten wir zusammen. Als sie dann bereit war, das Heil in Jesus anzunehmen, sagte sie zu mir unter Tränen: »Daß gerade Sie mit mir hier in diesem Abteil sitzen und mit mir sprechen sollten, ist doch ein ganz großes Geschenk Gottes.« Ich kam von meiner Reise zurück und freute mich, daß Gott es geschenkt hatte, auch dieser Frau die eine wahre Hilfe anzubieten.

Der richtige Paß für den Himmel

Auf Haiti wurde wie überall üblich mein Paß kontrolliert. Zu dem Fräulein in Uniform sagte ich: »Das ist schon ein sehr wichtiges Dokument. Ohne dieses Dokument könnte ich nicht zu Ihnen ins Land reisen.« Dann erklärte ich ihr, daß wir auch dann das richtige Dokument haben müssen, wenn wir am Ende unseres Lebens in den Himmel kommen wollen. »Dieses Dokument muß auch abgestempelt sein und die richtige Unterschrift haben«, sagte ich zu ihr, »wenn es nicht die Unterschrift des Herrn Jesus hat, werden wir nicht einkehren dürfen.«

Auskunftsbeamter bittet um Auskünfte

Als ich in Kalkutta in den Flughafen kam, stand da ein uniformierter junger Mann; ich hatte meine Bibel in der Hand, ging zu ihm und sprach mit ihm. Er sprach englisch. Ich habe kurz auf die Bibel hingewiesen und auf meine Aufgabe, daß ich Missionare besuchte und auch hier und da predige. Dann sah ich ihn näher an und fragte: »Ach, Sie haben ja eine Uniform an. Darf ich Sie fragen: Was machen Sie, was sind Sie von Beruf?« Er antwortete: »Ich bin hier, um die Touristen zu empfangen und ihnen Auskunft darüber zu geben, was sie hier alles besichtigen können.« Sofort sprach ich ihn darauf an: »Ich bin noch nie hier gewesen. Bitte, sagen Sie mir, was Sie für wichtig halten, hier zu besichtigen?« Da wechselte er das Thema: »Ach, Sie haben eben von der Bibel angefangen – das ist viel interessanter. Könnten Sie mir davon nicht noch mehr erzählen?« Dann lud er mich zu einer Tasse Kaffee ein, und ich durfte längere Zeit mit ihm verbringen, um ihm die herrliche Evangeliumsbotschaft weiterzusagen.

Brot des Lebens für Hungrige und Satte

Inzwischen bin ich dreimal in Indien gewesen, die letzten beiden Male mit einer Mission, die dort unter Blinden und Aussätzigen arbeitet. Eines Tages bemerkte ich in dem Hotel, in dem wir wohnten, ein weißes Ehepaar. Ich ging auf die beiden zu und erfuhr, daß sie Amerikaner waren, er Professor an der Universität in Madras. Sie hielten sich nur ein Wochenende lang in dem Hotel auf. Ich erzählte ihnen etwas über meine Arbeit. Er sagte, er wäre schon anderthalb Jahre in Indien, aber Armut und Aussätzige hätte er in Indien noch nicht gesehen. »Oh, dann kommen Sie mit«, sagte ich zu ihm und seiner Frau, »ich zeige Ihnen mal, wo die sind!« Die beiden wohnten offenbar nur in der Umgebung der reichen Leute und hatten deshalb so etwas noch nie gesehen.

Am nächsten Morgen fuhren sie mit uns hinaus. Ich hatte die Aufgabe, den Kranken die Botschaft der Bibel zu bringen. Anschließend sollte der Arzt kommen, um sie zu untersuchen. Es war wie immer eine sehr große Schar. Zu Anfang sagte ich: »Ich verstehe Gott nicht. Mir geht es gut, ich bin gesund, weiß, wo ich meine Mahlzeiten her bekomme, habe ein gutes Bett – und ihr seid arm. Der Magen ist leer, und der Leib ist krank, eure Existenz ist mies und meine ist gut. Ich verstehe Gott nicht, warum es so ist. Aber ich vertraue ihm. Und ich meine, die eine Botschaft, die Gott haben wird und die ich Ihnen sagen soll, ist eben die, daß Sie noch einmal seinen Namen anrufen und ihn bitten sollen um Frieden mit ihm und um eine Heimat im Himmel.«

Ich predigte, so gut ich konnte. Nach der Botschaft kamen die Amerikaner zu mir und sagten: »Wir sind heute aber wirklich erschrocken.« Ich hatte mir das gleich gedacht, weil die beiden so viel Neues und Erschütterndes gesehen hatten. Als ich ihnen das sagte, widersprachen sie: »Nein, nicht über das, was wir hier gesehen haben, sind wir erschrocken – es war die Botschaft, die war für uns. Wir sind die, die in Wirklichkeit diese Botschaft brauchen!«

Die Brüder von der Mission und ich durften ihnen weiterhelfen und ihnen auch eine Bibel schenken. Die beiden Amerikaner haben mich dann später eingeladen, als wir zusammen nach Madras flogen, mit ihnen einmal zu Mittag zu essen. Als ich dort ins Hotel hineinging, kam er mir mit der Bibel unterm Arm entgegen, und so durften wir wieder auf dieses wunderbare Buch eingehen. Es schien mir, als ob die beiden da in Indien auf merkwürdigen Umwegen Frieden mit Gott gefunden haben. So sind die Führungen Gottes.

Als ich in verschiedenen asiatischen Ländern Ehemalige unserer Bibelschule besuchte, kam ich auch durch Afghanistan. Es war nur eine Zwischenlandung, aber ich mußte dort das Wochenende verbringen. In diesem Land durfte ich wunderbare Erfahrungen machen. Ich kannte dort keinen einzigen Menschen. Gott aber hatte es gnädiglich so geführt, daß ein amerikanisches Ehepaar mich abholte, bei sich übernachten ließ und dann von einer Stelle zur anderen mitnahm. Dabei sprach ich auch mit einer Botschafterin und fragte sie, ob sie ein Gotteskind wäre. Sie sagte: »Ja!« Ich fragte sie: »Seit wann?« – »Oh, ich bin immer eins gewesen!« Da mußte ich sie auf Gottes Wort hinweisen und ihr sagen: »Sie haben das wohl nicht ganz verstanden. Denn Jesus sagt: ›Es sei denn, daß jemand von neuem geboren werde, so kann er das Reich Gottes nicht sehen.‹« Daraus entstand ein ernstes, feines Gespräch, und wir durften am Ende zusammen beten. Nun endlich hatte diese Frau begriffen, daß nur, wer den Sohn Gottes hat, das ewige Leben haben kann.

Das Ehepaar, das sich meiner angenommen hatte, äußerte den Wunsch, daß ich einen Mann im Krankenhaus besuchen sollte. Der war vor einigen Tagen betrunken mit einem Auto gegen einen Pfosten gefahren und hatte sich dabei das Bein gebrochen. Ich ging hin. Der Mann schien offen zu sein für das Evangelium. Wir beteten zusammen. Dann bat er mich, daß ich noch seine Frau besuchen sollte. Sie war eine Amerikanerin, stammte aber von Puerto Rico, und hatte drei kleine Kinder. Als wir an dem Abend zu ihr kamen, sagte sie uns, daß sie an jenem Morgen, wie schon zweimal vorher, versucht hätte, ihr Leben zu beenden und auch ihre drei Kinder zu erschießen – aber sie sei daran gehindert worden, es war ihr nicht gelungen.

Nach einem längeren Gespräch habe ich ihr gesagt: »Seien Sie jetzt, heute abend, bereit, Gott eine Chance zu geben. Sagen Sie einfach: Gott, ich gebe dir eine Chance, auch in meinem Leben etwas zu tun!« Sie hat eingewilligt. Wir beteten zusammen. Nach drei oder vier Monaten kam ein anderer Christ durch dieses Land, hat diese Frau besucht und erzählte uns später in Deutschland, was Gott an dieser Frau getan hat. Es scheint, daß Gott oftmals wartet, daß wir ihm die Tür nur ein kleines bißchen auftun. Schon im Alten Testament hat Jesaja gesagt: »Darum harrt der Herr darauf, daß er euch gnädig sei, und er macht sich auf, daß er sich euer erbarme.«

Gott zwingt niemanden

Im Flugzeug auf dem Weg von Indien nach Deutschland saß ich bei einem jungen Mann, der in Deutschland arbeitete. Im Gespräch sagte er mir unter anderem, daß er noch nie eine Bibel gesehen habe. Er war ein Inder. Ich gab ihm meine Bibel und bat ihn: »Lesen Sie mal Johannes 3.« Er las dieses Kapitel und gab mir danach die Bibel zurück. »Von jetzt an können Sie niemals mehr sagen«, machte ich ihm klar, »daß Sie in der Bibel noch nie gelesen haben.« Ich versuchte dann, ihm das Evangelium deutlich zu machen. Aber am Ende sagte er: »Nein, ich möchte bleiben, was ich war, ein Hindu.« So kann sich jeder selber entscheiden, auf welchem Weg er gehen möchte. Ich bin dankbar, daß der Herr niemand zwingt. Er ist großzügig und lädt uns ein, sein Angebot anzunehmen.

Buntes Mosaik von Begegnungen: Ständig in missionarischer Angriffsstellung

Evangelium im Polizeiauto

Meine Frau und ich sind zur Zeit dabei, von Deutschland nach Kanada umzusiedeln. Nach 27 Jahren meinen wir, daß es Zeit ist, wieder in unsere alte Heimat zurückzukehren. Dort haben wir auch unsere Kinder und Enkel. Und so zieht es uns schon. Im Frühjahr fingen wir an und nahmen dabei gleich ein Auto mit von Deutschland nach USA, später auch nach Kanada. Es hatte ein deutsches Nummernschild, und damit sind wir dort einige Monate gefahren. Eines Tages rollten wir irgendwo durch die USA, und ich merkte auf einmal, daß hinter uns her ein Verkehrspolizist fuhr. Nach einigen Kilometern schaltete er sein Rotlicht an, und ich wußte, jetzt wollte er mit mir sprechen. Ein wenig hatte ich schon eine Ahnung, was er mir sagen wollte.

Als er dann zu meinem Auto kam und am Fenster stand, sagte ich zu ihm: »Ich glaube, ich weiß schon, was Sie sagen wollen. Sie sind neugierig, woher ich komme.« In den Vereinigten Staaten und in Kanada ist es nämlich so, daß auf jedem Nummernschild der Name der Provinz und der Stadt, woher das Auto kommt, zu lesen ist, und für die verschiedenen Teile des Landes sind die Farben des Schildes unterschiedlich. Jetzt sah er ein weißes Nummernschild ohne einen Namen darauf. »Ja, das ist der Grund, warum ich Sie anhalte«, sagte er, »ich bin neugierig. Und hoffentlich sind Sie darüber nicht empört.« – »Das macht mir nichts aus«, sagte ich, »es könnte sogar sein, daß Ihre Neugier Ihnen geholfen haben wird, wenn Sie vor Gott stehen.«

Und dann erzählte ich ihm, wie ich ein paar Jahre zuvor auch durch die USA über die Autobahn gefahren und einem anderen Verkehrspolizisten begegnet war. Der kam über die Gegenfahrbahn, wendete über den Mittelstreifen und fuhr mir nach, schaltete sein Rotlicht ein und hielt mich an. Meinen Führerschein wollte er sehen. Ich zeigte ihm meinen deutschen Führerschein, im Jahre 1955 ausgestellt – in den USA und in Kanada bekommt man jedes Jahr oder alle zwei Jahre einen neuen Führerschein. Dann wollte er meinen Ausweis sehen, und ich zeigte ihm meinen kanadischen Paß. Zu der Zeit fuhr ich ein amerikanisches Auto mit einem US-Nummernschild. »Warum haben Sie mich angehalten«, wollte ich wissen. »Oh«, sagte er, »als ich Sie kommen sah, da hatte ich den Einfall: Mit diesem Mann muß ich reden!« Ich hatte nie gedacht, daß ich so kriminell aussehe.

Dann bat er mich, in sein Auto einzusteigen. Das ist in Amerika so üblich, daß man zu einem Polizisten ins Auto sitzt, wenn man mit ihm spricht. »Jetzt, habe auch ich«, sagte ich zu ihm, »so einen Einfall.« – »Wieso?« – »Ich glaube, ich weiß auch, woher dieser Einfall kommt!« – »Woher meinen Sie?« – »Oh, ich glaube, der kommt von Gott. Sehen Sie, Sie haben jetzt eben meine Papiere kontrolliert. Eines Tages wird Gott Ihre Papiere kontrollieren – sind sie in Ordnung?« Daraus entstand dann ein sehr gutes Gespräch, vielleicht eine halbe Stunde lang. Während sich noch auf dem Autodach das rote Licht drehte, predigte ich dem Mann das Evangelium.

Jetzt hatte ich diesem Verkehrspolizisten auf meiner

letzen Reise durch Amerika die Geschichte von der Begegnung mit seinem Kollegen erzählt und sagte zu ihm: »So ist das – Gott führt nie Menschen von ungefähr zusammen! Vielleicht haben Sie mich angehalten, weil Sie neugierig waren. Aber Gott wollte Ihnen etwas sagen. Eines Tages werden Sie vor Gott stehen. Vielleicht ist dieses Gespräch eine Hilfe, daß Sie sich vorbereiten können.« Er war sehr nett und erzählte mir von seiner Familie. Er hatte fünf Kinder. Ich hatte den Eindruck, er war ein sehr anständiger Mann. Zum Schluß sagte er zu mir: »Vielen, vielen Dank für dieses Wort – und wenn Sie jetzt noch für mich beten, dann kann es sein, daß ich es auch schaffe und daß wir uns im Himmel treffen.« Wir beteten zusammen. Dann schrieb ich ihm eine ganze Reihe Bibelverse auf und einige Punkte, die er seiner Frau erzählen sollte, wenn er nach Hause käme. So haben wir uns verabschiedet. Ein Gedanke ist mir dabei sehr wichtig geworden: *Man trifft sich nie von ungefähr.*

»Sie erinnern mich an den Herrn Jesus«

Vor vielen Jahren, als unsere Bibelschule noch in Kalkar am Niederrhein war, fuhr ich nach Kleve und habe da in einem Lebensmittelgeschäft eingekauft. Da stand eine Dame, und sie gab jedem eine Suppe zu probieren. Eine Zeitlang sah ich ihr zu und beobachtete, daß nur wenige Leute das Angebot der Frau annahmen. Die meisten gingen vorbei. Endlich ging ich zu ihr und sagte: »Sie haben das gleiche Problem wie ich auch – Sie bieten ein Geschenk an, und niemand nimmt es, sie alle gehen vorbei. Ich möchte gerne Ihre Suppe probieren. Aber ich biete Ihnen auch ein Geschenk an. Ich bin Beauftragter des Herrn Jesus. Das Geschenk ist das ewige Leben durch den kindlichen Glauben an den Herrn Jesus Christus. Aber sehr, sehr viele gehen vorbei und wollen es nicht annehmen.«

Ich kaufte in dem Laden eine Menge Sachen und hatte dann ein paar Kartons, die sehr voll waren. Ein junger Mann bot sich an, einige Kartons für mich hinauszutragen. Als er sie trug, sagte ich zu ihm: »Sie erinnern mich an den Herrn Jesus.« Es ist schon interessant, wie ein Mensch reagiert, wenn man so etwas zu ihm sagt. Dann habe ich ihm das erklärt: »Wissen Sie, ich trug eine sehr schwere Last, aber der Herr Jesus kam und nahm mir diese Last ab. Wie Sie für mich jetzt meine Last getragen haben, genauso trägt Jesus meine Last. Diesen Herrn Jesus möchte ich Ihnen empfehlen.«

Einmal war ich in Heidelberg und wollte zum Zollamt. Weil ich den Weg nicht wußte, hielt ich an und fragte einen Polizisten. Er sagte: »Ich bin gerade auf dem Weg dorthin. Darf ich mitfahren? Dann kann ich Ihnen den Weg zeigen.« Selbstverständlich nahm ich ihn mit, und dann sagte ich auch zu ihm: »Sie erinnern mich an den Herrn Jesus.« Er guckte mich mit riesengroßen Augen an. Wenn man einem Polizisten so etwas sagt, dann sind das Worte, die er noch nie vorher gehört hat. Ich fragte: »Wissen Sie, warum?« – »Nein.« – »Jesus hat nicht nur zu mir gesagt, dies und das ist der Weg, sondern er ist bei mir eingekehrt. Und weil er bei mir eingekehrt ist und mich auf dem rechten Weg führt, weiß ich auch, daß ich ankommen werde. Ebenso weil Sie jetzt in meinem Wagen sitzen, werde ich ohne weiteres das Zollamt finden.«

Kleine Schlüssel-Predigt

In Österreich machte ich bei einer Aktion »Evangelium in jedes Haus« mit. Als ich in einem Mehrfamilienhaus von einer Tür zur anderen gehen wollte, kam ein Mann, zog einen Schlüssel heraus und versuchte vergeblich, eine Tür aufzuschließen. Während ich dabeistand und zusah, sagte er auf einmal: »Oh, ich habe den falschen Schlüssel!« Ich sagte zu ihm: »Das ist jetzt nicht so tragisch. Aber wie tragisch wäre es, wenn Sie den falschen Schlüssel hätten und meinten, damit in den Himmel zu kommen. Denn es ist tatsächlich wahr, daß viele hier in Österreich meinen, auf einem anderen Weg in den Himmel zu kommen als auf dem, den uns die Bibel zeigt. Die Bibel sagt uns, daß Jesus Christus der Schlüssel ist, indem er selbst sagt: ›Ich bin der Weg und die Wahrheit und das Leben. Niemand kommt zum Vater denn durch mich!‹«

Der Herr lenkt die Schritte

In den USA war ich auf dem Weg zu einem Dienst und fuhr auf der Autobahn, meinte auch noch genug Benzin zu haben, denn die Tankuhr zeigte auf viertelvoll. Aber auf einmal bleib mein Auto stehen. Demnach dachte ich, daß die Tankuhr kaputt sei und ich kein Benzin mehr hätte. In der Nähe stand gerade ein Telefonhäuschen, das war sehr bequem. Ich rief an und bat den Tankwart, mir Benzin zu bringen. Als der Mann zu mir kam, sagte ich: »In Wirklichkeit verstehe ich das nicht – aber die Bibel sagt, daß die Schritte eines guten Mannes vom Herrn gelenkt werden.« Dann fuhr ich fort: »Wenn er unsere Schritte lenkt, dann lenkt er es auch bestimmt, daß wir angehalten werden. Ich weiß jetzt nicht warum dieses geschehen ist, denn ich schien noch genug Benzin zu haben laut meiner Tankuhr, aber nun sieht es aus, als sei der Tank doch leer. Vielleicht wollte der Herr, daß ich Sie fragen sollte, ob Sie bereit sind, vor Gott zu stehen.« Der Mann sagte: »Oh, das ist interessant. Denn ich war Soldat in Korea, stand oft vor dem Tode und habe mich sehr geängstigt, weil ich nicht bereit war, zu sterben.« Später sei er wieder nach Hause gekommen und habe dann die Tankstelle übernommen, erzählte er. »Da kam eines Tages ein Mann, wir unterhielten uns miteinander. Plötzlich faßte er sich an die Brust und fiel um. Tot. Herzschlag. Und jetzt fragen Sie mich wie ein Blitz aus heiterem Himmel, ob ich bereit bin, vor Gott zu stehen.«

Er überlegte kurz und sagte: »Nein, ich bin noch nicht bereit . . .« – »Dann weiß ich auch, warum mein Auto nicht weiterlief«, sagte ich ihm. »Sind Sie jetzt bereit, mir die Hand zu geben, daß wir zusammen beten können? Sind Sie bereit, das Heil in Jesus Christus persönlich anzunehmen?« – »Ja«, sagte er, »ich bin bereit.« So beteten wir zusammen, und ich fuhr glücklich weiter. In der Gemeinde, in der ich predigen sollte, war ich vorher noch nie gewesen. Ich erzählte dort die Geschichte. Die Menschen hörten sehr aufmerksam zu. Und Gott hat einen sehr gesegneten Dienst geschenkt.

Verwarnungen mit und ohne Gebühren

Als wir zu Anfang in Brake waren, da wurde auf unserem Gelände viel gebaut, und die Straßen waren bei uns sehr schmutzig, mein Auto dadurch ebenfalls. Die Nummernschilder waren fast unkennbar – und so kam es eines Tages, daß ich durch die Ortschaft fuhr und hinter mir her kam die Polizei. Ich hatte schon gleich ein schlechtes Gewissen und ahnte, was sie wollten. Als ich auf dem Eickermannsberg ankam, stieg ich aus, die Polizisten stiegen aus, und ich sagte zu ihnen: »Ich glaube, ich weiß schon, was Sie wollen, und es tut mir sehr leid – ich hatte schon vor, mein Auto demnächst zu waschen.«

Einer von beiden sagte: »Wir müssen Ihnen eine gebührenpflichtige Verwarnung geben.« – »Ja, das muß ich wohl in Kauf nehmen«, sagte ich, »aber ich möchte Ihnen eine gebührenfreie Verwarnung geben. Ihre Nummernschilder sind sauber, aber vielleicht ist Ihr Herz schmutzig, vielleicht sind Sie gleichgültig in Ihren Beziehungen zu Gott? Ich möchte Ihnen sagen, daß Sie und ich eines Tages vor Gott stehen müssen. Dann werden schmutzige Nummernschilder keine Rolle mehr spielen, sondern unser Herz.« Ich durfte ihnen dann einige gute Schriften mitgeben, und die haben sie auch angenommen.

Kind des reichsten Vaters

Eines Tages fuhren wir nach Österreich. An der Grenze wollten die Zollbeamten meinen Paß sehen. Als ich meinen kanadischen Passport vorzeigte, sagte der Zollbeamte: »Sie sind Kanadier! Dann sind Sie bestimmt auch sehr reich.« Ich hatte sofort die Antwort: »Das stimmt! Ich bin sehr reich. Mein Vater hat viele Länder, große Herden Vieh und ist sehr, sehr reich.« Dann zeigte ich auf die österreichischen Berge und sagte: »Auch alle diese schönen Berge gehören meinem Vater.« Er sah mich mit großen Augen an, bis ich ihm erklärte: »Wissen Sie, ich bin ein Gotteskind. Der himmlische Vater, der Schöpfer, ist mein Vater. Und deshalb bin ich so reich!«

Gebetspause im Verkehrsstau

Immer wieder bin ich dankbar, daß man auch beim Autofahren beten kann. Egal, ob man 120 oder 140 Stundenkilometer fährt, auch dabei hört der Herr uns. Ich bete oft auf der Autobahn, besonders wenn ich in einen Stau gerate. Dann schaue ich auf die Nummernschilder anderer Autos und frage mich bei den Buchstaben: Wer kommt mir zuerst in den Sinn? Da sehe ich ein S, dann ist es vielleicht der Siegfried, der früher einmal bei uns in der Bibelschule war und jetzt irgendwo draußen dem Herrn dient, und dann bete ich für ihn. Oder es kommt vielleicht ein B, und ich denke an Berlin und alle, die ich in Berlin kenne, und bete für sie. Dann kommt ein RA, und ich denke im Gebet an einen Geschäftsmann, der uns beim Aufbau der Schule vielfach geholfen hat. Wenn es dann weitergeht mit der Fahrt, habe ich im Stau die interessanteste Pause gehabt.

Die Zeit vergeht schnell beim Beten. Manchmal achte ich beiläufig nur darauf, wer da drüben in einem anderen Auto sitzt. Dann sage ich: »Herr Jesus, du weißt, wer das ist. Du kennst seine Nöte, seine Plagen, seine Fragen. Begegne du ihm.« Ich weiß nicht, wie man Gebete erklären kann. Aber ich glaube, daß kein Gebet gen Himmel steigt, ohne daß es gehört wird. Und dabei stimmt wieder dies, was ich schon vorher sagte: Man trifft Leute nie von ungefähr.

Eines Tages wollte ich in Brake vom Eickermannsberg, auf dem unsere Bibelschule steht und wo wir wohnten, mit dem VW-Bulli in die Stadt fahren, um etwas einzukaufen. Als ich den Wagen anlassen wollte, ging die Zündung nicht. Deshalb gab ich dem Bulli einen Schubs und sprang hinein. Er rollte ein Stück den Berg hinunter, und dann fuhr er. In der Stadt machte ich meine Einkäufe und wollte dann heimfahren. Aber wieder funktionierte die Zündung nicht. Ich vermutete einen Wackelkontakt und schaute hinten im Motorraum nach. Da sah ich, daß überhaupt keine Batterie in dem Auto war. Früher hatte ich schon einmal gehört, daß man theoretisch auch ohne Batterie fahren kann – aber so praktisch hatte ich das noch nie erlebt.

So ging ich in den nächsten Laden, rief die Schule an und bat, daß mir jemand eine Batterie bringen möchte. Zu dem Mann im Geschäft sagte ich: »Schon wieder was Neues gelernt! Man kann mit einem Auto ohne Batterie fahren. In Wirklichkeit aber ist die Batterie die Zündkraft für das Leben des Autos. Ebenso kann man existieren ohne zu leben . . . Das ist tatsächlich so«, habe ich dem Mann erklärt, »man kann morgens aufstehen, sich anziehen, zur Arbeit gehen, alles mögliche verrichten – aber in Wirklichkeit lebt man nicht. Die Bibel sagt: Wir sind ›tot in Übertretungen und Sünden‹. Jesus sagt an einer Stelle sogar: ›Laß die Toten ihre Toten begraben‹ – und er meint damit, die geistlich Toten begraben die physisch Toten. Wie ohne Batterie kein Leben für das Auto vorhanden ist«, habe ich zu dem Geschäftsmann gesagt, »so gibt es auch kein Leben ohne den Herrn Jesus Christus.«

Nicht die Verpackung ist wichtig, sondern der Inhalt

Als ich zu einem Dienst in die Schweiz gefahren war, entschloß ich mich, für meine Frau ein kleines Geschenk zu kaufen. Nachdem ich im Laden etwas eingekauft hatte, fragte mich die Verkäuferin, ob ich es auch in Geschenkpapier eingewickelt haben möchte. »Ja, das wäre sehr nett«, sagte ich zu ihr. Sie machte sich viel Mühe, es sehr schön einzuwickeln. Manchmal scheint es mir, als seien die Schweizerinnen zu sowas besonders begabt. Als sie so bei der Arbeit war, sagte ich: »Wissen Sie, manchmal ist es so, daß wir mehr Wert auf die Verpackung legen als auf den Inhalt.« Sie sah mich an und hatte sofort verstanden. Sie war eine hübsche Dame und hatte sich Mühe gemacht, ihr Äußeres noch zu verbessern. Wir kamen in ein Gespräch. Dabei merkte sie dann auch, daß sie sich stets viel Arbeit um das Äußere gemacht und dabei ihr Inneres vernachlässigt hatte.

Schulunterricht vor den Schönsten der Schönen

Ein andermal hatte ich in einer Berufsschule verschiedene Stunden zu halten, und da kam eine Lehrerin und fragte: »Könnten Sie noch eine Stunde bei den Friseusen halten? Sie haben bald ihren Abschluß, es ist ihre letzte Religionsstunde.« So stand ich plötzlich vor 15 jungen Friseusen. Sie hatten sich alle sehr schön gemacht. Ich kam mir ein wenig hilflos vor, denn ich dachte, sie werden gar nicht daran interessiert sein, was ich ihnen zu sagen habe. Sie sind ja nur daran interessiert, wie schön sie aussehen. Aber dann fiel mir eine Geschichte ein.

»Eines Abends kam eine junge Dame nach Hause«,

fing ich an, »und zeigte ihrer Mutter eine kleine Schachtel und erzählte, ihr Freund hätte ihr die schöne Schachtel gegeben. Das Mädchen fragte: ›Ist sie nicht schön, Mutti?‹ Die Mutter nahm die Schachtel, betrachtete sie ein wenig, öffnete sie dann und fragte: ›Aber Mädchen, wo ist denn das, was darin war, der Inhalt?‹ Die Tochter antwortete: ›Oh, du meinst den Ring?‹ – ›Ja, wo ist der Ring?‹ – ›Ach, den habe ich weggeworfen. Es war ein ganz einfacher Ring. Aber die Schachtel, Mutti, die ist doch so schön! Sie ist innen gefüttert, hat eine so feine Farbe – ist sie nicht schön, Mutti?‹«

»Sie mögen jetzt vielleicht sagen: ›Wie töricht!‹«, habe ich zu den Friseusen gesagt, »und doch ist es möglich, daß man sich viel Mühe macht, die Schachtel schön zu machen, aber das Wertvolle, was darin war, hat man vernachlässigt oder sogar weggeworfen.«

»Es kostet nichts«

Von meiner Brille war mir eine Schraube verlorengegangen. So ging ich in Lemgo in ein Fachgeschäft und bat, mir eine neue Schraube in meine Brille hineinzudrehen. Als die Dame hinter der Theke das gemacht hatte, fragte ich sie nach den Kosten. Sie sagte: »Es kostet nichts.« – »Oh, dankeschön«, antwortete ich, »dann möchte ich Ihnen auch von etwas erzählen, das nichts kostet: Wir dürfen Frieden mit Gott haben. Ich bin so dankbar, daß ich jetzt mit Gott reden kann, denn ich habe Frieden mit ihm. Da war eine Zeit in meinem Leben, in der ich keinen Frieden hatte. Ich wollte mit Gott nichts zu tun haben. Wir können aber Vergebung der Sünden haben. Jesus hat alles bezahlt. Wir brauchen nichts zu bezahlen, sondern nur die Vergebung im Glauben anzunehmen. Es kostet uns nichts. Und ich habe jetzt eine Heimat im Himmel. Jesus bietet uns diese Heimt an.«

Im Himmel für eine Wohnung angemeldet?

Ich mußte zum Einwohnermeldeamt gehen. Als ich mich angemeldet hatte, sagte ich zu den beiden Damen, die da in der Amtsstube saßen: »Haben Sie sich schon oben im Himmel für eine Wohnung angemeldet?« Sie sahen mich ein wenig zweifelnd an. Ich sagte: »Für diese Wohnung muß man sich im voraus anmelden.« Die eine fragte mich: »Wo müssen wir uns da melden?« Ich antwortete: »Direkt beim Vater! Rufen Sie den Vater an und sagen Sie ihm, daß Sie sich gerne oben bei ihm für eine Wohnung anmelden möchten.«

Vorsicht! Es könnte einmal zu spät sein . . .

Ähnlich wie in dem Optiker-Geschäft in Lemgo habe ich es an einem Sonntagmorgen an einer Tankstelle gemacht. Als ich mein Benzin bezahlte, sagte ich: »Es gibt etwas, das man kostenlos bekommen kann.« Dann habe ich von den drei Dingen – Vergebung der Sünden, Frieden mit Gott und der Heimat im Himmel – gesprochen und dem jungen Mann erklärt: »Das Problem dabei ist, daß es eines Tages zu spät sein kann. Die Bibel sagt: ›Heute, so ihr seine Stimme höret, verstocket eure Herzen nicht!‹ Jetzt hörst du die Stimme durch mich, und deshalb ist es sehr wichtig, daß du dein Herz nicht verstockst, sondern daß du das Geschenk Gottes jetzt annimmst – denn es könnte eines Tages zu spät sein.«

In Deutschland bin ich in vielen Schulen gewesen und habe Religionsunterricht erteilt. Manchmal habe ich mich auch für den Englisch-Unterricht bei den Fortgeschrittenen angeboten. So war ich eines Tages in Bremen und sprach mit einem Mädchen aus der 10. Klasse eines Gymnasiums. Ich sagte ihr, daß ich bereit wäre, einmal in ihre Klasse zu kommen und Englisch zu unterrichten. Sie könnte ja mal die Lehrerin fragen, ob ihr das recht wäre. »Sagen Sie ihr dann aber«, fügte ich hinzu, »daß ich aus meinem Leben erzählen würde.«

Das Mädchen kam zurück und sagte, daß die Lehrerin mich eingeladen hätte, ich sollte kommen. In der Klasse saßen 28 Schüler, und ich fing an, ganz langsam englisch zu sprechen: »Wenn ich euch aus meinem Leben erzähle, dann muß ich euch sagen, daß Gott mich durch die Bibel am meisten beeinflußt und mein Leben verändert hat.« Ich sagte das auf Englisch und Deutsch. Da hob eine junge Dame die Hand und sagte ganz energisch: »Wir sind nicht hierher gekommen, um von Gott und der Bibel zu hören!« So sagte ich: »Gut, ich bin auch nur freiwillig gekommen und brauche hier nicht zu bleiben. Wenn es euch lieber ist, kann ich auch gehen. Dann habt ihr weiter euren normalen Unterricht.«

Das schien von den Jungen und Mädchen auch nicht gerade gewünscht zu sein. Daraufhin sagte ich zu der Lehrerin: »Oder sollte ich lieber sagen, wer nichts von Gott und der Bibel hören will, der kann das Klassenzimmer verlassen?« Die Lehrerin war einverstanden. »Na gut«, sagte ich, »da ist die Tür für solche, die nicht bleiben wollen.« Dann sagte ich etwas zu den Schülern, das bei ihnen schwer einschlug: »Gott ist großartig! Er sagt zu uns: ›Wenn ihr nichts mit mir zu tun haben wollt, dann bin ich gerne bereit, zur Seite zu treten. Ihr könnt ohne mich leben, aber denkt daran, was nach diesem Leben kommt.‹ Die Konsequenzen müssen wir dann auf uns nehmen.«

Ein Kellner als Missionar

Ganz zu Anfang, als ich nach Deutschland gekommen war, hatte ich noch kein eigenes Auto und mußte eine Evangelisation in Norddeutschland halten. So bin ich mit dem Zug von Frankfurt bis in die Nähe von Bünde gefahren. In der Eisenbahn war alles besetzt, ich wollte aber gern sitzen, um mich noch etwas vorzubereiten, und bat den Kellner, ob ich mich in den Speisewagen setzen dürfte. »Ja«, sagte er, »bestellen Sie sich eine Tasse Kaffee und setzen Sie sich hin.« Sehr bald setzten sich auf die andere Seite meines Tisches ein paar Leute und bestellten etwas zu trinken. Ich las in meiner Bibel und sagte dann zu den Leuten: »Jetzt trinken Sie, aber bald haben Sie wieder Durst. In diesem Buch lese ich von dem Wasser des Lebens, ›und wer von diesem Wasser trinkt, den wird nimmermehr dürsten‹. Jesus Christus bietet uns dieses Wasser an.«

So durfte ich eine kurze Predigt halten. Der Kellner stand um die Ecke und hatte zugehört. Als er meinte, daß ich mit meiner Botschaft zu Ende sei und die anderen ihr Getränk ausgetrunken hatten, sagte er: »Jetzt müssen Sie Platz machen für andere.« Zu mir sagte er: »Bleiben Sie nur sitzen.« Es kamen andere und bestellten sich etwas zu essen. Ich sagte: »Ihr eßt jetzt, aber bald habt ihr wieder Hunger, und dann müßt ihr wieder essen. Aber in diesem Buch lese ich von jemandem, der sagt:

›Ich bin das Brot des Lebens, und wer von diesem Brot ißt, der wird nimmermehr hungern.‹« Ich durfte dann ein Zeugnis geben von Jesus, dem Brot des Lebens. Und so verlief die ganze Fahrt: Der Kellner brachte mir die Leute, und ich konnte ihnen vom Wasser des Lebens und vom Brot des Lebens weitersagen.

Am besten den Hersteller fragen

Als ich eines anderen Tages im Zug fuhr, saß mir gegenüber eine Pfarrerstochter. Sie hatte sich so vorgestellt, als ich sie ansprach, und im Verlauf des Gesprächs sagte sie zu mir: »Eigentlich weiß ich nicht, was der Sinn des Lebens ist.« Sie war, das merkte man, ziemlich weit abgekommen. So sagte ich zu ihr: »Wenn man den Sinn des Lebens erfahren möchte, dann sollte man sich mit dem in Verbindung setzen, der uns geschaffen hat. Ich habe ein altes Auto, und wenn ich den Wagen mit allen seinen Schrauben und Knöpfen und Schaltern richtig kennenlernen wollte, dann wäre es doch das Beste, wenn ich den Hersteller selber fragen würde. Er würde am allerbesten Bescheid wissen. Wenn Sie wissen wollen, warum Sie da sind und was das Leben für einen Sinn hat, dann müssen Sie sich mit dem Hersteller, also mit Gott selber, in Verbindung setzen.«

Die Drogerie hatte nichts für die Seele

In Norddeutschland war ich einmal mit der »Aktion in jedes Haus« unterwegs, von Tür zu Tür Traktate zu verteilen. Irgendwann sagte ich: »Ich gehe jetzt mal auf die Geschäftsstraße und werde versuchen, ob ich nicht irgendwie bei den Geschäftsleuten besser ankomme als in diesen Wohnvierteln.« So ging ich in eine Drogerie, nahm mir etwas Zeit und sah mir die vielen Regale an. Dann sagte ich zu dem Inhaber: »Sie haben hier sehr viel für den Leib, für die Füße, für die Augen und für den Magen. Haben Sie auch etwas für die Seele?« Er sah mich fragend an und sagte: »Nein.« – »Oh, Sie haben Glück«, sagte ich ihm, »ich habe etwas für die Seele!« Und er bekam ein gutes Traktat.

Bei Gott ist wichtig, wie wir innen aussehen

Danach ging ich in ein Fotogeschäft und sagte zu dem Fotografen: »Sie machen Bilder und versuchen, sie so schön wie möglich zu machen. Das ist gut, aber ich habe ein Buch, das gibt uns ein Bild von unserem Innern, wie wir in Wirklichkeit aussehen. Und von Gott her gesehen ist es wichtiger, wie wir von innen aussehen als von außen. – Ich habe hier etwas Literatur. Bitte, lesen Sie es.« So ging ich weiter in einen Schuhladen. Als der Verkäufer kam, sprachen wir ein bißchen miteinander und ich sagte: »Wissen Sie, jeder Schuhverkäufer müßte wissen, was die Bibel über Schuhe sagt. Da gibt es zum Beispiel eine Geschichte von einem Jungen, der von zu Hause weglief. Und als er wiederkam, sagt uns die Bibel, hat der Vater ihm sogar Schuhe gegeben, damit er gut laufen konnte.« Dann gab ich ihm etliche Traktate zu lesen.

Welches Kleid brauchen wir, um vor Gott zu stehen?

Ich ging an einem Fenster vorbei, hinter dem eine Dame gerade an einem Kleid nähte. Da ging ich durch die Tür hinein und sagte zu ihr: »Sie nähen sich ein Kleid? Ich weiß sogar, daß auch Gott sich für unsere Kleider interessiert, und es wäre gut, wenn Sie wüßten, was in der Bibel über Kleider steht.« Sie war nicht freundlich und hat sich offenbar nicht über meinen Besuch gefreut. Ich sagte: »Ich weiß trotzdem, daß Sie jetzt neugierig sein werden. Ich möchte Ihnen nur etwas aufschreiben. Lesen Sie mal Matthäus 22, die ersten 13 Verse, und Sie werden merken, daß das Kleid so wichtig ist, daß sogar einer von einer Hochzeit hinausgeworfen wurde, weil er kein hochzeitliches Kleid anhatte.«

In Lemgo verteilte ich eines Tages Traktate. Ich bemerkte einige Frauen, die in den Schaufenstern Kleider ansahen. Ich ging zu ihnen und sagte: »Ich weiß, Kleider sind wichtig, aber das Wichtigste ist, ob wir das richtige Kleid anhaben, um vor Gott zu stehen. Die Bibel sagt uns, daß das richtige Kleid die Gerechtigkeit des Herrn Jesus ist. Davon habe ich hier einige Schriften, die Sie lesen sollten.«

Die Quittung für den Himmel

Als ich eines Tages unterwegs war, ging in meinem Auto die Lichtmaschine kaputt. Ich mußte eine Ersatzmaschine kaufen. Als ich die Rechnung bezahlte und den Betrag quittiert bekam, sagte ich zu dem Kassierer: »Ich hatte einmal eine sehr, sehr große Schuld. Da kam ein anderer und bezahlte meine große Rechnung.« Er sagte zu mir: »Dann müssen Sie wahrscheinlich auch vertrauenswürdig gewesen sein.« – »Nein, obwohl ich nicht vertrauenswürdig war, hat dieser Mann meine ganze Schuld bezahlt«, erklärte ich ihm, »dieser Mann war Jesus Christus. Er hat meine ganze Schuld auf sich genommen!« Ich sah auf die Quittung und sagte zu ihm: »Und an dem Tage, an dem ich vor Gott stehen werde, zeige ich ihm die Quittung und sage: ›Jesus Christus hat alles für mich bezahlt!‹ Das wird dann für mich der Zutritt für den Himmel sein.«

Die ›Vorschrift‹ erspart nutzlose Debatten

Zu einem anderen Zeitpunkt hatte ich am Auto einen schlechten Reifen und mußte einen Ersatzreifen kaufen. Im Geschäft sah sich der Inhaber den Reifen an, und weil noch Garantie darauf war, meinte er: »Wir verrechnen noch etwas von dem alten Reifen, so daß Sie für den neuen nicht so viel zu bezahlen brauchen.« Ich sprach dann mit ihm über das Evangelium, und da sagte er auf einmal zu mir: »Aber Herr Klassen, es gibt so viele verschiedene Gemeinden und Richtungen – wie soll ich denn wissen, welche die richtige ist?«

»Oh, Sie haben jetzt meinen Reifen geschätzt und gesagt, wieviel ich noch dafür bekomme«, antwortete ich ihm. »Nun stellen Sie sich vor, jemand kommt herein und sagt, das wäre nicht richtig gewesen, Sie hätten mir dafür mehr geben müssen. Ein anderer kommt herein und sagt, es wäre falsch, Sie hätten weniger dafür geben sollen – und wenn zehn Leute gekommen wären, jeder mit einer anderen Meinung, das hätte Ihnen nichts ausgemacht. Sie hätten bestimmt gesagt: ›Ich habe hier meine Vorschriften, und danach muß ich mich richten!‹ Sehen Sie, genauso hat Gott es auch gemacht. Er hat uns eine

›Vorschrift‹ gegeben, und nach dieser dürfen wir handeln. Das ist die Bibel. Nicht nach dem, was der eine oder der andere sagt, sondern nach dem, was geschrieben steht, sollen wir handeln.«

Liebesbotschaft an eine Kellnerin

Als ich eines Tages in einem Restaurant beim Essen saß, sagte ich zu der Kellnerin: »Wissen Sie, ich kenne einen Mann, der hat Sie sehr lieb.« Sie hörte gerne zu. Die meisten Mädchen hören gerne von einem Mann, der sie liebt. Ich sagte weiter: »Er hat Sie so geliebt, daß er bereit war, sein Leben für Sie zu geben. Dieser Mann heißt Jesus Christus. Er liebt Sie. Er ist für Sie gestorben.« Sie ging weiter und bediente an anderen Tischen. Später kam sie noch einmal. Da sagte ich zu ihr: »Wenn irgend jemand wirklich etwas Gutes für Sie tut, dann müßten Sie ihm doch bestimmt dankeschön sagen. Wäre es nicht gut, wenn Sie diesem Herrn Jesus, der Sie so liebt, einmal dankeschön dafür sagen würden, daß er für Sie gestorben ist?« Sie sagte: »Ja, das werde ich tun.«

»Die Bibel sagt es!«

In England habe ich über einen Monat lang an verschiedenen Stellen in Schulen und Gemeinden gedient. Als ich danach mit dem Hoovercraft-Luftkissenboot über den Kanal von der Insel nach Frankreich fahren wollte, stand da eine Dame und kontrollierte von jedem Passagier die Fahrkarte. Als die Menschenschlange zu Ende war, ging ich zu ihr und fragte sie: »Haben Sie schon einmal überlegt, was für eine Fahrkarte man haben müßte, um in den Himmel zu kommen?« Sie fragte zurück: »Und warum meinen Sie, daß es einen Himmel gibt?« – »Oh, die Bibel sagt es!« – »Wenn die Bibel es sagt, dann bin ich bereit, es zu glauben.« Ich sagte nur noch ganz kurz: »Die Eintrittskarte für den Himmel ist Jesus Christus selber.« Dann mußte ich weitergehen, weil noch mehr Fahrgäste kamen.

Flugticket für den Himmel gebucht?

Als ich einmal einen Flug nach Deutschland buchte, sagte ich zu dem jungen Mann, der das Ticket vorbereitete: »Haben Sie schon für den Himmel gebucht?« Er sah mich an und wußte nichts zu antworten. Ich sagte: »Wenn Sie sich nicht vorher eine Karte kaufen und einen Platz reservieren lassen, verpassen Sie es. Um in den Himmel zu kommen, muß man sich rechtzeitig vorbereiten.« Wir kamen in eine gute Verbindung miteinander. Später habe ich ihm ein Neues Testament geschickt, und ich rechne damit, daß ich ihm noch weiter helfen kann und daß wir uns eines Tages im Himmel wiedersehen werden.

Der Weg ist so einfach

Irgendwo in einer deutschen Stadt suchte ich den Weg zu einer bestimmten Christengemeinde und fand ihn nicht. So fragte ich eine Frau auf der Straße nach dem Weg, und sie erklärte es mir: »Erst geradeaus, dann die zweite rechts, dann gleich die erste links, dann die dritte rechts und dann die zweite links!« Ich bedankte mich für ihre Auskunft und sagte zu ihr: »Wissen Sie, ich bin so dankbar, daß der Weg zum Himmel nicht so kompliziert ist. Er ist so einfach, daß jeder es verstehen kann, wenn Jesus sagt: ›Ich bin der Weg und die Wahrheit und das Leben. Niemand kommt zum Vater, denn durch mich.‹«

In einem Aufzug kam ich ins Gespräch mit dem Mann, der den Aufzug zu bedienen hatte, und sagte zu ihm: »Sie haben in Ihrem Leben schon viel Auf und Ab erlebt – einmal geht es hoch, einmal geht es runter. Mein Wunsch für Sie ist, daß Sie ihre letzte Fahrt hinauf in den Himmel machen und nicht hinab in die Hölle.«

Der Akademiker und die »Widersprüche« in der Bibel

Als wir noch in Bensheim an der Bergstraße wohnten, da wohnte uns gegenüber ein Arzt. Eines Tages, als keine Bibelschüler anwesend waren, kam dieser Arzt zu uns und fragte: »Ich möchte mal erfahren, was für Leute Sie sind. Hier wird so viel gesungen, hier scheinen alle so fröhlich zu sein. Was ist hier bloß los?« – »Oh, dies ist eine Bibelschule«, antwortete ich ihm, »und wir sind deshalb so glücklich, weil wir uns über das freuen, was Gott uns zeigt.« – »Ach, die Bibel? Darin stehen aber so viele Widersprüche!« – »Ich sehe schon, Sie sind kein Freund der Bibel, Sie sind ihr Feind.« Da hob er abwehrend die Hände: »Nein, nein, das bin ich nicht!« Ich hielt ihm entgegen: »Doch! Wenn ich Ihnen meine Frau jetzt vorstellen und zuerst alle ihre negativen Seiten sagen würde, dann würden Sie meinen, der liebt seine Frau nicht. Wenn er sie lieb hätte, würde er versuchen, ihre negativen Seiten zu verdecken. – Aber wenn Sie sagen, in der Bibel seien viele Widersprüche, dann bitte ich Sie, jetzt mal einige zu nennen.«

Er wurde ein bißchen verlegen und sagte dann: »Ja, es steht doch geschrieben an einer Stelle, man soll das Licht auf den Leuchter stellen, und an einer anderen Stelle, man soll das Licht unter dem Scheffel verbergen.« Ich staunte. »Oh, wo steht das?« Er gab zu: »Das weiß ich auch nicht.« – »Wissen Sie, ich möchte Ihnen einmal den Abschnitt vorlesen. Was Sie sagten, stimmt überhaupt nicht. Sie müßten doch als Arzt und Gelehrter die Dinge etwas nachkontrollieren, ehe Sie so etwas sagen.« Dann las ich ihm den Abschnitt aus dem Matthäusevangelium vor: »Ihr seid das Licht der Welt. Es kann die Stadt, die auf einem Berge liegt, nicht verborgen sein. Man zündet auch nicht ein Licht an und setzt es unter einen Scheffel, sondern auf einen Leuchter; so leuchtet es denn allen, die im Hause sind. So soll euer Licht leuchten vor den Leuten, daß sie eure guten Werke sehen und euren Vater im Himmel preisen.« Der Arzt ist dann ziemlich kleinlaut nach Hause gegangen. – Einmal sprach ich mit einem anderen Arzt, der schon über 70 Jahre alt war. Ich fragte ihn unter anderem: »Hat schon irgend jemand einmal mit Ihnen über den Glauben gesprochen oder Ihnen ein Zeugnis von Jesus Christus gegeben?« Er sagte: »Nein, noch niemand.« Daran wurde mir klar, wie notwendig es ist, auch solche Männer zu Jesus zu führen.

Es geht um das Allerwichtigste

Weihnachten 1981 kam vormittags ein junger Mann zu uns, 22 Jahre alt. Anfangs war ich nicht besonders glücklich darüber, weil ich den Tag anders verplant hatte. Dann aber entschloß ich mich doch, ihn hereinzubitten, damit ich mit ihm noch sprechen konnte. Wir sprachen länger zusammen und kamen auf das Allerwichtigste, nämlich auf die Frage nach dem Heil in Jesus Christus. Ich fragte ihn: »Hat Ihnen schon irgend jemand einmal davon gesagt?« – »Oh ja«, sagte er, »ich habe viele Kunden, die ich besuchen muß, und als ich in Wuppertal war, hat mir eine Frau genau das gesagt, was Sie mir heute sagen – und das ist mir nie aus dem Gedächtnis gegangen.« So durfte ich ihm nochmals bestätigen, daß alles das, was die Frau und ich ihm gesagt hatten, für ihn sehr, sehr wichtig ist für die ganze Ewigkeit.

Er gebietet Sturm und Regen – noch heute

Wir hatten eine Zeltevangelisation, das Zelt war voll besetzt. Als ich anfangen wollte zu predigen, fing es an zu regnen. Der Regen schlug so laut auf das Zeltdach, daß man nicht einmal mehr über den Lautsprecher etwas verstehen konnte. Ich saß da in Angst und Furcht, und dann kam mir der Gedanke, zu beten, daß Gott den Regen anhält, damit ich die Botschaft weitersagen konnte. Aber ich wollte nicht, denn ich hatte Angst, mich vor die Leute zu stellen und dafür zu beten und mich möglicherweise zu blamieren, wenn es dann doch nicht aufhörte. Trotzdem konnte ich den Gedanken nicht loswerden. Endlich stand ich auf und sagte: »Meine Lieben, wir wollen dafür beten, daß Gott den Regen anhält, auf daß wir die Botschaft sagen können, denn ich glaube, Gott hat mir eine Botschaft gegeben.« Wir beteten – der Regen hielt an. Wir konnten unsere

Versammlung weiterführen, und danach regnete es wieder. Es war eine wunderbare Erfahrung. Ich hatte im Gebet sagen dürfen: »Gott es ist nicht um meinetwillen, sondern es geht um deine Sache!« Ich meine, so dürfen wir Gott solche Probleme ruhig anvertrauen.

»Seien Sie sehr vorsichtig, verfahren Sie sich nicht!«

Als ich eines Tages im Osten der USA über die Autobahn fuhr – dort muß man immer eine gewisse Autobahngebühr bezahlen –, hatte ich mich irgendwie verfahren. Es war schon spät, und ich war ein wenig müde. Auf einmal merkte ich, daß ich auf der falschen Strecke war. Ich fuhr bis zur nächsten Ausfahrt, mußte meine Gebühren bezahlen und sagte zu dem Kassierer: »Ich verstehe es nicht – ich habe mich verfahren. Das einzige, was ich weiß, ist, daß Gott es vielleicht so haben wollte, damit ich Sie warne. Seien Sie sehr vorsichtig, daß Sie sich nicht verfahren und anstatt im Himmel einst in der Hölle landen!« Er sah mich merkwürdig an. In dem Moment hatte ich den Eindruck, daß dies der Grund war, weshalb ich mich verfahren hatte.

Der Herr Jesus stieg ins Boot

Als ich weiterfuhr, schaute ich auf die Uhr. Es war schon 11 Uhr in der Nacht vorbei. Ich hatte mich so verfahren, daß es etwa anderthalb Stunden mehr brauchen würde, bis ich mein Ziel erreichte. So war ich unzufrieden und sagte: »Herr, ich verstehe es nicht, warum hat dieses heute geschehen müssen?« Doch plötzlich war es wie im Nu geschehen, da war ich wieder an meinem Ausgangspunkt. Unmittelbar dachte ich an das Ereignis, als die Jünger im Schiff waren und der Herr Jesus einstieg – und sofort waren sie an Land. Ich dachte: »Herr, welch eine wunderbare Erhörung! Auch hier, wo ich in der Stille mein Seufzen zu dir geschickt habe, hast du mich auf wunderbare Weise erhört!«

Dienst in einer »liberalen« Kirche

In einer Stadt in den USA hatte ich eine Evangelisation zu halten, und zwar in einer liberalen Kirche. Wenn ich »liberal« sage, dann meine ich damit eine Kirche, in der man den Unterschied zwischen »Christ sein« und »Christ werden« nicht so genau nimmt. Es gibt in Deutschland und Europa ebenfalls viele, die diesen Unterschied nicht kennen. Man versucht, Christ zu sein, ohne Christ geworden zu sein. Und das ist unmöglich. In einer solchen Gemeinde war ich. Am Ostersonntag hatte ich den ersten Dienst und sagte zu denen, die gekommen waren: »In dieser Woche werde ich, soweit ich kann, alle Glieder der Gemeinde besuchen. Ich habe eine Liste der Adressen, und ich werde vorbeikommen.« Dann habe ich die Leute ein wenig vorgewarnt: »Ich komme mit zwei Fragen. Einmal frage ich, ob du ein Gotteskind bist, und wenn du mit ja antwortest, dann kommt die zweite Frage, wie du das weißt.«

Ich habe sie alle glücklich gemacht. Die einen waren glücklich, als ich kam, die anderen, als ich wieder ging. Aber manch einen durfte ich in dieser Woche zu Jesus führen. Das passierte weniger bei den Veranstaltungen in der Gemeinde, aber um so mehr bei den Besuchen in den Häusern. Später bekam ich einige Briefe, durch die ich erfahren durfte, wie Gott meinen Einsatz dort gebraucht hat.

Der Fernfahrer und seine Frau

Am ersten Tag, als ich mit den Hausbesuchen anfing, kam ich zu einem Ehepaar, beide ungläubig, beide zweimal geschieden, wieder verheiratet, und sie waren wieder dabei, sich scheiden zu lassen. Der Mann war Fernfahrer. Ich schlug vor, daß die Frau einige Bibelverse auf ein Stück Papier schreiben sollte, damit er auf seinen Fahrten einige auswendig lernen könnte. Am nächsten Sonntag wollte ich dann wieder mit ihm sprechen. In der Zwischenzeit würde er eine ganze Woche unterwegs sein. Am Montag hat sich diese Frau bekehrt. Wir beteten für ihren Mann.

Am Sonntag kam er zurück. Ich bin sogleich zu ihm gegangen, und er sagte mir: »Wissen Sie, die Bibelverse haben mich 130 Dollar gekostet. Ich war dabei, sie auswendig zu lernen, habe nicht auf mein Tachometer geachtet und bin zu schnell gefahren, wurde von der Polizei angehalten und mußte Strafe bezahlen.« – »Daran sehe ich, wie der Teufel es haßt, wenn man Bibelverse auswendig lernt!« antwortete ich ihm. Er hat sich auch entschieden. Ich wußte nicht, wie echt es war – das ist immer ein Problem. Aber zwei Jahre später bekam ich einen Brief von dieser Familie. Sie schrieben, daß sich alles verändert hätte: Sie verstanden sich untereinander, sie waren beide in der Gemeinde tätig, Gott hatte ihr Leben verändert durch diese Begegnung.

Zeugnis zu geben und der Versuch, nach dem Willen des Herrn zu leben, lohnt sich immer. In einer Stadt in Amerika wurde ich von Polizisten angehalten, weil ich mit dem Auto auf einer Straße umkehrte, auf der es verboten war. Ich hatte das Schild übersehen, es fuhren zu der Zeit auch keine anderen Autos auf der Straße. Doch als ich weiterfuhr, war dann plötzlich der Verkehrspolizist hinter mir. Er hielt mich an und kontrollierte meine Papiere. Mit meinem deutschen Führerschein aus dem Jahre 1955 und meinem kanadischen Paß konnte er nicht sehr viel anfangen. Er sagte aber, daß er und der Wachhabende durch das Fenster geschaut und gesehen hätten, wie ich verbotenerweise gewendet habe, und dafür müßte ich jetzt eine Strafe bezahlen. Ich sagte: »Gut, ich bin für die Polizisten sehr dankbar, denn sie versuchen, Ordnung im Lande zu halten.«

Es ist gut, den Polizisten zu danken für die Arbeit, die sie verrichten. Sie bekommen im großen und ganzen nicht viel Dank. Ich sagte weiter: »Ich bin bereit, die Strafe zu bezahlen.« Für mein Vergehen bezahlte ich 10 Dollar und sagte dann zu ihm: »Ich möchte Sie aber noch darauf aufmerksam machen, daß Sie eines Tages vor Gott stehen müssen. Die Frage wird dann sein, ob Ihre Papiere in Ordnung sind.« Ich gab ihm ein Traktat und fuhr weiter. – Als ich später in Süddeutschland diese Geschichte erzählte, kam ein Mann zu mir und sagte: »Herr Klassen, es hat mir gut gefallen, daß Sie den Polizisten so angesprochen haben. Hier sind dreißig Mark. Ich möchte für Sie die Strafe bezahlen.«

Ähnliches passierte mir in einem Restaurant, vor dem ich mein Auto angehalten hatte, um eine Tasse Kaffee zu trinken. Drinnen saß eine Reihe von Männern. Ich gab jedem ein Traktat. Einer holte sein Portemonnaie heraus und gab mir einen Dollar und sagte: »Was Sie tun, gefällt mir sehr. Hier, ich möchte etwas dazu beitragen.«

In Deutschland lief einmal der Motor des alten Autos, mit dem ich fuhr, nur noch auf drei von seinen vier Zylindern. Ich wußte ja nun, daß das Auto ziemlich alt und schon viele Kilometer gelaufen war, und meinte, es würde sich nicht mehr lohnen, es reparieren zu lassen. Dabei kam mir aber in den Sinn, daß die Bibel sagt, wir sollten in allen Dingen dankbar sein. So habe ich gesagt: »Danke, Herr Jesus. Verstehen tue ich es nicht. Aber ich möchte jetzt auch unter diesen Umständen ganz kindlich dir danken.«

Irgendwie nahm das einen gewissen Druck von mir. Und das Merkwürdige war, daß ich trotzdem mit nur drei funktionierenden Zylindern bis nach Hause kam. Einige Tage später hatte ich einen Dienst, und da habe ich beiläufig die Geschichte erzählt und gemeint, ich wäre geistlich ein kleines Stück weitergekommen, weil ich gelernt hätte, dem Herrn auch für etwas Unangenehmes zu danken. Nach der Stunde kam ein Mann zu mir und sagte: »Ich möchte Ihnen etwas geben, um Ihr Auto reparieren zu lassen.« Er gab mir eine ganze Menge Geld, mit dem ich mein Auto reparieren lassen konnte und auch das meines Neffen, der zu der Zeit ebenfalls damit Schwierigkeiten hatte.

Immer wieder habe ich im Leben erfahren, daß Gott bei denen, die ihm treu dienen, auch für die Finanzen sorgt. So sagte ich in diesem Fall einfach: »Gott, es lohnt sich, deinen Weg zu gehen – auch dann, wenn wir ihn nicht verstehen.«

Über die Jahre habe ich immer wieder versucht, durch einen Satz oder einen kurzen Hinweis auf den Herrn das Evangelium weiterzugeben. Wenn ein Tankwart mir an der Tankstelle die Autofensterscheiben putzte, sagte ich oft: »Es ist schön, eine saubere Windschutzscheibe zu haben, aber es ist noch besser, ein reines Herz zu haben. Nur das Blut des Herrn Jesus kann das Herz reinwaschen.« Danach gab ich ihm noch ein Traktat und fuhr weiter. Ich sah, wie der Mann mir nachschaute, und es schien, als ob er sehr nachdenklich geworden war.

An einer anderen Tankstelle, an der an meinem Auto der Ölstand nachgesehen, der Reifendruck geprüft, auch die Scheibe geputzt und der Tank gefüllt wurde, fragte der Tankwart: »Haben Sie noch einen weiteren Wunsch?« – »Ja, ich habe noch einen weiteren Wunsch«, sagte ich ihm, »ich wünschte, Sie würden auch den Herrn Jesus lieben lernen, und dann würden wir uns eines Tages im Himmel treffen.«

Sehr oft wird mir ein schöner Tag gewünscht. Einmal sagte ich darauf: »Danke für diesen Wunsch, und ich wünsche Ihnen eine schöne Ewigkeit, die Sie nur durch Jesus Christus haben können.«

Eines Morgens ging ich durch das Dorf, in dem wir wohnten. Dort traf ich einen Mann, den ich nicht kannte. Ich sagte: »Guten Morgen.« Er antwortete: »Guten Morgen.« – »Und es ist ein noch besserer Morgen, wenn man Frieden mit Gott hat!« fügte ich hinzu. Auch da hatte ich den Eindruck, daß ich seinen Gedankengang durcheinandergebracht hatte, weil ihm so etwas wahrscheinlich noch nie zuvor gesagt worden war.

In einem Dorf ging ich an einem Haus vorbei, vor dessen Tür die Hausfrau gerade mit dem Besen fegte. Ich sagte zu ihr: »Es ist gut, wenn draußen vor der Tür alles sauber ist. Noch wichtiger ist es aber, wenn man ein sauberes Herz hat. Das sollte man nicht vernachlässigen. Wenn man schon dabei ist, außen zu putzen, darf man auch das Herz nicht vergessen.«

Als die große Maschine in der Wäscherei unserer Bibelschule einmal kaputt war, brachte ich die großen Teile der Wäsche in die Stadt zu einer Wäscherei. Zu der Frau, die mich bediente, sagte ich: »Es ist wunderbar, so einen Platz zu haben. Man bringt die schmutzige Wäsche hin und bekommt sie sauber wieder. Ich kenne aber einen Platz, wo man sein schmutziges Herz hinbringen kann, und es wird sauber durch das Blut des Herrn Jesus.«

In Deutschland war früher eine Genehmigung notwendig, wenn man Öl kaufen wollte für die Heizung. Aufgrund dieser Genehmigung bekam man dann eine gewisse Menge Öl. Eines Tages mußte ich diese Genehmigung für unsere Bibelschule einholen. Und da sagte ich zu dem Mann, der mir die Unterschrift gab: »Diese Unterschrift ist sehr, sehr wichtig. Ohne diese Unterschrift bekäme ich kein Öl. Aber es gibt eine Unterschrift, die ist so wichtig, daß man ohne sie nicht in den Himmel kommen kann. Diese Unterschrift heißt Jesus Christus.«

»Dies ist ein wunderbares Buch!«

In Deutschland saß ich einmal in der Eisenbahn und hatte eine längere Strecke zu fahren. So nahm ich meine Bibel und las darin. In dem Abteil, in dem ich saß, war fast jeder Platz besetzt. Einer las die Zeitung, ein anderer ein Buch, jeder war mit sich selbst beschäftigt. Auf einmal sagte ich laut: »Dies ist ein wunderbares Buch, es zeigt uns den Weg zum Himmel!« Damit stiftete ich eine große Unruhe an. Der erste stand auf, und mit festen Schritten stampfte er aus dem Abteil hinaus. Der zweite auch, der dritte, der vierte. Sie standen alle auf, sagten: »Entschuldigung« und gingen hinaus. Nur ein dreizehnjähriges Mädchen blieb bei mir sitzen und bat mich, ihr den Weg zum Himmel zu erklären.

Thema Bluts-Theologie bei der Blutentnahme

Vorige Woche mußte ich mir Blut abnehmen lassen. Dabei sagte ich zu der Krankenschwester: »Machen Sie das sehr oft?« – »O ja, das ist zur Zeit meine Aufgabe.« Ich sagte zu ihr: »Ich hoffe, wenn Sie den Leuten Blut abnehmen, daß Sie daran denken, daß das Blut Jesu Christi uns rein macht von aller Sünde!« Wir hatten ein feines Gespräch. Es ist immer interessant, wie so etwas doch anspricht. Ich merkte sofort, daß das Thema für sie – wie für etliche andere – etwas schwierig war. Aber das war für die Krankenschwester nun einmal das Wichtigste, daß sie erfahren mußte: Das Blut Jesu Christi macht uns rein von aller Sünde.

Die Welt kann das Herz nicht füllen

Jemand hat es einmal so gesagt: »Das Herz ist dreieckig, und die Welt ist rund – die runde Welt kann nie das dreieckige Herz füllen, die Ecken bleiben immer leer.« Ob unter »Welt« Materialismus zu verstehen ist oder Vergnügen oder Arbeit oder alles zusammen: es füllt nicht das Herz. Das kann nur die Dreieinigkeit Gottes!

Das sehen wir in Johannes 14, wo Jesus den Heiligen Geist nennt, »den Geist der Wahrheit, welchen die Welt nicht kann empfangen, denn sie sieht ihn nicht und kennt ihn nicht. Ihr aber kennet ihn, denn er bleibt bei euch und wird in euch sein«. Und dann sagt Jesus: »Wer mich liebt, der wird mein Wort halten; und mein Vater wird ihn lieben, und wir werden zu ihm kommen und Wohnung bei ihm machen.« Er sucht nur die Genehmigung und den Zutritt zu uns.

Bibelwort gegen Zweifel und Grübeleien

In Süddeutschland lernte ich einen jungen Mann und seine Mutter kennen. Sie war 63 Jahre alt. »Ach, Herr Klassen«, sagte sie, »ich habe so viele Zweifel. Ich wünschte, ich könnte es wissen . . .« – »Heute abend, wenn Sie ins Bett gehen«, sagte ich zu dieser Frau, »zitieren Sie sich mal, anstatt sich mit allerlei Problemen und Zweifeln zu beschäftigen, irgendwelche Bibelverse. Den einen kennen Sie ganz bestimmt: ›Also hat Gott die Welt geliebt!‹ Und dann sagen Sie einmal: ›Also hat Gott mich geliebt!‹ Dann gehen Sie mit diesem Gedanken ins Bett. Denken Sie an die Liebe des Herrn!« Am nächsten Morgen kam sie und sagte: »Ach, wissen Sie, Herr Klassen, ich bin mit diesem Gedanken eingeschlafen, viel eher als sonst, und ich habe sehr gut geschlafen und bin viel glücklicher aufgewacht!« Ich glaube nicht, daß man die Bibel als Schlafmittel gebrauchen sollte, aber wenn es Menschen aus ihren Zweifeln und Grübeleien hilft – wieviel besser, wenn man mit solchen Gedanken einschläft! Ein guter Schlaf ist bestimmt auch nach Gottes Willen.

Wir dürfen die Schlauheit des Teufels nicht unterschätzen. Weil das Christentum so wunderbar und der Teufel so schlau ist, deshalb ist es ganz logisch, daß er immer wieder versucht, das wahre Christentum zu fälschen. Und wie könnte er das besser als durch ein System. Eine Kirche, egal ob katholisch oder evangelisch oder in sonst einer Form, ist ohne Leben ein verfälschtes Christentum. Man nimmt die Bibel, man spricht von Gott und Jesus Christus und auch vom Gebet, und man sagt alle die frommen Worte – aber man hat keine lebendige Beziehung zu Gott.

In einer Evangelisation schockierte ich einmal die Leute, als ich sagte: »Wissen Sie, ich bin froh, daß es Heuchler gibt in der Welt.« Da haben sie mich etwas unmutig angeschaut. »Weil es Heuchler gibt«, sagte ich, »weiß ich, es muß irgend etwas geben, für das es sich lohnt, zu heucheln! Sonst hätten wir keine Heuchler. Das Christentum ist so wertvoll, daß es sich lohnt dafür zu heucheln.

Irgendein Stück Papier würde niemand je zu fälschen versuchen. Aber einen Hundertmarkschein? Das lohnt sich schon. So ist es mit dem wahren Christentum. Es lohnt sich, es zu fälschen. Und der Teufel weiß das. Deshalb tut er es. Und wie viele sind verführt! Und sie schimpfen auf alles, was sich Christ nennt, sind aber nicht schlau genug, erfahren zu wollen, wo und wie das echte Christentum ist. Ein Fabrikant sagte einmal: »Der größte Gefallen, den meine Konkurrenz mir tun kann, ist, meine Ware nachzumachen! Wenn sie nämlich nicht gut wäre, würden sie es nicht versuchen.« Das Christentum ist so wertvoll, daß der Teufel weiß: Es lohnt sich, es nachzumachen . . .

»Nimm mich doch mit!« Gespräche unterwegs mit Anhaltern

Omnibus zum Himmel

Eines Tages stand ein junger Mann an einer Bushaltestelle. Als er mich mit dem Auto kommen sah, winkte er, um mitgenommen zu werden. Ich sagte: »Steigen Sie ein!« Er erklärte mir, er hätte auf dem Fahrplan gelesen, daß an diesem Tage kein Bus mehr fahren würde. Der letzte Bus sei schon abgefahren, und den habe er verpaßt. »Das ist jetzt nicht so schlimm«, sagte ich, »denn ich nehme Sie mit. Aber wenn Sie den letzten Bus verpassen, der von hier zum Himmel fährt, das wäre tragisch. Dann haben Sie alles verpaßt.«

»Sind Sie ein Priester?«, wollte er wissen. Ich antwortete: »Ja, laut 1. Petrus, Kapitel 2, Vers 9 bin ich ein Priester, und ich möchte Sie nur ermutigen, daß Sie sich bald vorbereiten sollten für die Abreise von hier, damit Sie richtig ankommen.« Auf seine Frage, ob ich katholisch sei, sagte ich ihm: »Ja, aber nicht römisch-katholisch, sondern ich gehöre zu der ursprünglich katholischen Kirche – zu der Kirche, zu der Paulus, Petrus, Johannes und Jakobus gehörten.« Ich habe dann nicht mehr viel gesagt, denn ich merkte, daß dieser junge Mann tüchtig nachdenken mußte.

Den Herrn Jesus anwinken

Wenn ich Anhalter mitnehme, dann wegen der guten Gelegenheit, mit ihnen über das allerwichtigste Thema zu sprechen. Ein Junge stand an der Straße und winkte kräftig. Als ich anhielt und er einstieg, sagte ich zu ihm: »Wenn du jemals den Herrn Jesus so anwinken und sagen würdest: ›Herr Jesus, ich möchte gern in den Himmel, nimm mich doch mit‹, der würde anhalten! Der Schächer am Kreuz hat nicht anders gesprochen. Er hat nur gesagt: ›Herr, gedenke meiner, wenn du in dein Reich kommst!‹ Jesus hat ihm gesagt: ›Heute wirst du mit mir im Paradiese sein!‹«

Wie lange braucht man ein Auto?

Einmal hielt mich ein deutscher Soldat an, und als er sich in mein Auto setzte, sagte ich: »Es ist etwas riskant, mit mir zu fahren – weil ich ein Gotteskind bin. Die Bibel sagt uns, daß der Herr Jesus wiederkommt, und wenn er während dieser Fahrt kommen würde, dann würde ich das Auto verlassen.« Er sah mich etwas seltsam an, denn ohne einen Fahrer im fahrenden Auto auf der Autobahn, das wäre schon wirklich riskant. »Im Alten Testament haben die Propheten davon gesprochen, daß Jesus kommen und in Bethlehem geboren werden würde. Und es ist alles so geschehen, wie die Propheten es vorhergesagt hatten«, erklärte ich ihm. »Im Neuen Testament sagt Jesus, daß er wiederkommen wird. ›Es werden zwei auf dem Feld sein; einer wird genommen, und einer wird bleiben, zwei werden an der Mühle sein; einer wird genommen, und einer wird bleiben.‹«

»Wenn Jesus heute sprechen würde«, sagte ich weiter, »würde er wahrscheinlich sagen: ›Zwei sitzen im Auto; einer wird genommen, und der andere wird bleiben.‹ Sollte es also sein, daß ich während der Fahrt genommen werde, dann sehen Sie zu, daß Sie schnell noch das

Lenkrad in die Hand bekommen. Das Auto brauche ich dann nicht mehr, das dürfen Sie behalten.« Der junge Mann sah mich mit immer größeren Augen an. Ich ging noch weiter: »Wenn auch Sie den Herrn Jesus annehmen würden und er während dieser Fahrt kommen würde, dann würden wir beide das Auto verlassen.« Dann habe ich ihn ermutigt, den Herrn Jesus anzunehmen. Er war bereit, das zu tun, und wir beteten zusammen.

Lektion über Gottes Service-Anleitung

Immer wieder bewegen mich zwei Gedanken. Der eine: Gott führt Menschen zusammen! Der andere: Es gibt kein wichtigeres Thema als: »Wie wird man gerecht vor Gott!« Ich habe oft den Anhaltern, die mit mir fahren, gesagt: »Ich nehme euch nicht mit, nur weil ihr zu irgendeinem bestimmten Ort wollt, aber ich nehme euch mit, weil es etwas viel Wichtigeres für euch gibt. Ich weiß nicht einmal, was ihr vorhabt, wenn ihr dort ankommt. Aber eines weiß ich: Wenn ich euch vom Herrn Jesus weitersage, dann tue ich das Richtige. Denn das ist es, was jeder hören muß!«

Ein Anhalter saß bei mir im Auto. Wir sprachen über den Sinn des Lebens. »Gott hat uns auch ein Buch gegeben, worin wir erfahren können, was sein Plan ist«, sagte ich zu ihm, »und ich kann dieses Buch lesen oder es liegenlassen.« Zu dem Auto, das ich fahre, gehöre doch auch eine Service-Anleitung, aus der ich wisse, wann ich Öl wechseln müsse, wieviel Luftdruck die Reifen brauchen und auch alle Erklärungen, wie ich das Auto bedienen könne, damit es lange und ohne Schwierigkeiten fährt.

Nun könnte ich ja auch die ganze Anleitung aus dem

Fenster werfen, sagte ich dem jungen Mann, und wenn vorn auf den Armaturen ein rotes Licht aufleuchte, würde ich den Draht schnell herausreißen, damit das Licht ausgehe, und dann einfach weiterfahren. Das wäre nur nicht besonders klug, sondern sehr dumm. Ebenso gebe es aber viele Menschen, die die Bibel hinausschmeißen, einfach weiterfahren und meinen: »Gut, wenn mir das rote Licht aufleuchtet, dann ist zwar eine kleine Warnung in mir, daß ich mich mehr um Gott kümmern sollte, aber dann schalte ich schnell ab, indem ich mich mit anderen Dingen befasse, und lebe einfach so weiter.« Kann man das machen? Ja, man kann. Aber wie töricht! Wir müssen eines Tages vor Gott stehen. Deshalb ist es gut, daß wir auf die Anleitungen achten, die er uns gegeben hat, und uns auf die Begegnung vorbereiten.

Was tun und wie anfangen?

Manchmal ist es schwer herauszufinden, was man tun oder wie man anfangen sollte. Irgendwo im Osten von Kanada nahm ich einen über 60 Jahre alten Mann mit. Und ich fing einfach so an: »Also hat Gott die Welt geliebt, daß er seinen eingeborenen Sohn gab . . .« Dann wartete ich einen Augenblick und sagte: »Wen hat Gott geliebt?« Er zuckte mit den Schultern und brummte: »Weiß ich nicht.« Noch einmal fing ich an: »Also hat Gott die Welt geliebt, daß er seinen eingeborenen Sohn gab . . . Was hat er gegeben?« Wiederum zuckte er mit den Schultern und brummte: »Ich weiß es nicht.« Ich zitierte das Bibelwort noch einmal und fragte: »Wen hat Gott geliebt?« – »Hm, er hat die Welt geliebt«, meinte der Fahrgast. »Sehen Sie, Sie haben schon etwas gelernt«, sagte ich zu ihm, »und wenn er die Welt geliebt hat, sind Sie dann auch damit gemeint?« – »Hm, ja, ich gehöre ja auch zur Welt. Dann muß er mich auch geliebt haben.« – »Und was hat er gegeben?« – »Er hat seinen Sohn gegeben.« – »Für wen?« – »Für die Welt.« Ich wollte es genauer wissen: »Hat er den Sohn auch für Sie gegeben?« – »Ja, wenn er ihn für die Welt gegeben hat – dann auch für mich.« Warum hätte ich lockerlassen sollen?

130 km lange Predigt und zum Schluß eine Überraschung

So machte ich weiter. »Wenn Sie ein Geschenk bekommen, dann nutzt es Ihnen nichts, es sei denn, Sie nehmen es. Sind Sie bereit, das Geschenk Gottes anzunehmen?« Die ganze Predigt war etwa 130 Kilometer lang. Zum Schluß beteten wir zusammen. Dann auf einmal sagte er zu mir: »Was werden sich mein Sohn und meine Tochter freuen, wenn ich nach Hause komme und sage, daß ich Christ geworden bin. Und nicht nur das. Ich bin Holzfäller und arbeite im Wald zusammen mit einem, der auch Christ ist. Mein Kollege, hat mir schon oft gesagt, ich sollte mich bekehren. Was wird der staunen, wenn ich ihm sage: Ich bin Christ geworden.«

Zwei junge Angler an der Angel

Einmal nahm ich zwei Jungen mit, die auf dem Weg waren, Fische zu fangen. Sie hatten ihre Angeln dabei. Ich sagte zu den Jungen: »Ich bin auch ein Fischer. Aber ich versuche, größere Fische zu fangen als ihr.« Sie sagten, sie wollten nur Forellen fangen, und fragten: »Auf was gehen Sie denn, auf Barbe oder auf Hecht?« –

»Nein, viel größer«, sagte ich. Die beiden waren ein wenig ratlos und wußten nicht, was ich meinte. Dann habe ich es ihnen erklärt: »Ich versuche solche Fische zu fangen, wie ihr welche seid. Jesus hat zu Petrus gesagt, wenn wir ihm nachfolgen, werden wir Menschenfischer werden. Ich bin ein Menschenfischer.« Wir hatten noch ein gutes Gespräch miteinander. Und einer von den zweien – das ist immer für mich ein großes Wunder – war bereit, ja zu sagen zu Jesus.

»Ehe-Vermittlung« unterwegs

Ich war in der Nähe der Bibelschule unterwegs. An der Straße stand eine Anhalterin, ich hielt an und nahm sie mit. Dann fragte ich sie: »Was ist für Sie das Wichtigste im Leben?« Sie sagte offen und ehrlich: »Die Ehe!« – »Dann suchen Sie wahrscheinlich einen Mann?« – »Ja, Sie haben recht.« – »Ich weiß, wo Sie einen Mann bekommen können. Er ist noch frei, und nicht nur das, ich weiß, daß er Sie sehr liebt!« Die Anhalterin hörte gut zu, und ich sprach weiter: »Wenn Sie sich sonst einen Mann aussuchen, könnte es sein, daß es gar nicht so eine glückliche Ehe wird. Es gibt sehr viele unglückliche Ehen. Wenn Sie aber diesen Mann annehmen würden, den ich Ihnen empfehle, er wäre absolut treu, und in ihm würden Sie Ihr Glück finden. Dieser Mann heißt Jesus Christus.« Es war nur eine Predigt von zwei Kilometern. Aber ich glaube, daß sie diese Minuten so schnell nicht vergessen hat.

Wo das Klima absolut perfekt sein wird

Vorige Woche nahm ich zwei junge Männer mit. Das Wetter war so schön. Da sagte ich zu ihnen: »Wir sprechen jetzt über das schöne Wetter. Aber ich bin auf dem Weg zu einem Land, in dem es nie zu kalt sein wird und auch nie zu heiß. Ich gehe in ein Land, in dem das Klima absolut perfekt sein wird. Auch meine Flugkarte ist bezahlt, und ich habe schon eine Wohnung reserviert bekommen. Nur haben wir noch nicht den Abreisetermin festgemacht. Aber daß es geschieht, das weiß ich. Jungens, wißt ihr, in Wirklichkeit ist für euch die Flugreise auch schon bezahlt – aber wenn ihr es nicht in Anspruch nehmt, dann nutzt es euch nichts!« Und ich erzählte ihnen, daß ich auf dem Weg zum Himmel bin. Das ist die Wahrheit: Wir sind jetzt noch hier auf der Erde – und ein jeder von uns weiß, daß es sehr bald und plötzlich einmal zu Ende sein kann. Wohl dem, der auf dem Weg zum Himmel ist!

Wir sind nicht besser als die anderen

Vergangenen Samstag, als ich nach Süden fuhr, nahm ich nacheinander sechs verschiedene Anhalter mit. Von den sechs, glaube ich, hat einer den Herrn Jesus angenommen. Das weiß der Herr. Der eine war ein sehr armer Kerl. Er war schon im Alter von 13 Jahren zur Homosexualität verführt worden. Und jetzt war er 22 Jahre. Zuerst fühlte ich mich ein wenig unwohl, als ich merkte, was er war. Aber dann sagte ich in meinem Herzen: »Herr, wenn es nicht allein deine Gnade gewesen wäre, wer weiß, was aus mir geworden wäre?«

Wir sind manchmal geneigt, zu »fromm« zu sein, und

denken über andere: »Ach, das sind aber böse Leute . . .« Aber was wir sind, ist ja nur Gottes Gnade. Was steckt nicht bei uns im Herzen?! Wir sind nicht besser als andere, auch nicht besser als so einer. Ich habe dann eine längere Zeit mit ihm gesprochen. Er hatte, wie er sagte, all das furchtbare Leben satt. Von einer Stadt reiste er zur anderen und arbeitete nicht mehr. Er wolle frei werden, bezeugte er mir. Ich habe ihm gesagt, daß nur einer ihn befreien kann, und das ist der Herr Jesus. Den müßte er ins Herz einladen. Er sagte: »Ja!« Ich habe dann noch mit ihm gebetet. Der Herr weiß, ob er wirklich die Umkehr vollzogen hat.

Wie ist das mit der Heilsgewißheit?

Wenn Jesus sagt: »Freuet euch, daß eure Namen im Himmel geschrieben sind«, dann ist es möglich, daß man sich darüber freuen kann. Genauso ist es jedoch auch möglich, daß jeder es wissen kann, daß sein Name im Himmel geschrieben ist. Wäre das nicht möglich, dann könnte Jesus nicht dazu aufrufen, sich zu freuen. Daß unsere Namen im Himmel geschrieben stehen, das war nicht immer so. Das ist irgendwann geschehen. Seit wann bin ich ein Gotteskind? Weiß ich von einer Zeit, in der ich vom Tode zum Leben durchgedrungen bin? Diese Fragestellung kann eine große Hilfe sein, um ganze Klarheit zu finden.

Am 28. Juni abends um halb zehn

Während einer Evangelisation in Süddeutschland, die ich dort zu halten hatte, wurde sehr viel über Gewißheit und Bekehrung gesprochen. An einem Abend kamen sechs ältere Frauen zu mir. Sie sagten: »Herr Klassen, Sie haben so viel über Gewißheit gesprochen – leider wissen wir davon nichts, wir sind uns ganz im unklaren.« – »Ich hätte mal eine Frage«, sagte ich, »können Sie mir sagen: Wie und zu welcher Zeit fing das Christenleben bei Ihnen an?« Da sagten einige: »Nun, das fing vor etwa 40 Jahren an. Wir fingen an, zur Gemeinschaft zu gehen . . .« – »Wissen Sie denn nichts von einem Zeitpunkt«, fragte ich, »haben Sie sich einmal ganz bewußt auf die Seite des Herrn Jesu gestellt?« – »Nein, so sicher sind wir uns darüber nicht.«

Wir hatten ein längeres Gespräch. Am Ende sagte ich: »Wissen Sie, solange Sie sich so im unklaren sind darüber, werden Sie immer Probleme haben. Sie werden sich nie in Wirklichkeit freuen können, denn Sie haben die Gewißheit nicht.« Dann habe ich die Frauen aufgefordert: »Vergessen Sie jetzt einmal die Vergangenheit und sagen Sie einfach heute abend: ›Herr Jesus, wenn wir noch nie vorher dich in unsere Herzen aufgenommen haben, dann tun wir es jetzt!‹« Sie waren bereit, es zu tun, und haben es mit mir gebetet. Dann sagte ich zu ihnen: »Wenn nun der Teufel morgen sagt: ›Ihr seid doch nicht Gottes Kinder‹, und Sie sind immer noch so unsicher bei dem Gedanken: ›Das kann man nicht wissen, das kann man nur hoffen‹, dann sagen Sie einfach zum Teufel: ›Am 28. Juni abends um halb zehn im Zelt haben wir den Herrn Jesus angenommen!‹« Das war den Frauen, glaube ich, eine Hilfe. Ich habe ihnen dann weiter gesagt: »Und dann können Sie sagen: ›Es steht geschrieben: Wie viele ihn aber aufnahmen, denen gab er Macht, Gottes Kinder zu werden!‹«

Der Schlüssel für die Herzenstür

Vor zwei Wochen war ich in Minden. Wir hielten Sonntagsschule, ein paar Schülerinnen hatten gedient, ich hatte gepredigt. Am Nachmittag war ich bei einem Ehepaar. Da kam ein zehnjähriges Mädchen. Es sprach mich auf das Thema vom Morgen an und fragte: »Herr Klassen, wie kann das gehen, daß man dem Herrn Jesus die Schlüssel des Herzens übergibt?« – »Das kann ich dir sehr leicht erklären«, habe ich ihr gesagt und ihr dann Offenbarung 3, Vers 20, gezeigt: »›Siehe, ich stehe vor der Tür und klopfe an!‹ Der Herr Jesus will bei dir einkehren. Aber du hast den Schlüssel für die Herzenstür. Wenn du bereit bist, dem Herrn die Tür aufzutun und ihm die Schlüssel zu übergeben für alle Räume in deinem Herzen, dann nimmt er die Schlüssel, er wird dann darin wohnen, und er wird sauber machen.«

Daraufhin hat sie den Herrn Jesus in ihr Herz eingelassen. Und ich durfte ihr sagen: »Siehst du, es ist jetzt der 22. Januar . . .« Sie begriff das sofort und hat sich zu ihrem Großvater, der mit am Tisch saß, umgewandt und zu ihm gesagt: »Opa, am 22. Januar um zwanzig Minuten vor zwei habe ich dem Herrn Jesus die Schlüssel meines Herzens gegeben und ihn gebeten, einzukehren!« Der Opa wie auch der Vater waren ein wenig überrascht und sagten: »Ja, Kind, wir meinten, du wärest schon länger gläubig.« – »Nein«, sagte sie, »ich hatte noch nie vorher den Herrn Jesus angenommen.«

Die Ewigkeit ist so lang

Ich betone dieses immer wieder und komme nicht davon weg, daß Jesus sagt: »Viele werden zu mir sagen an dem Tage: ›Haben wir nicht in deinem Namen Wunder getan? Haben wir nicht in deinem Namen Teufel ausgetrieben?‹« Und dann wird Jesus zu ihnen sagen: »Gehet von mir, ich kenne euch nicht.« Deshalb fühle ich mich gedrungen, wenn ich in Kreise komme, die ich noch nicht kenne, dies noch einmal ganz einfach zu sagen. Es ist so wichtig. Die Ewigkeit ist so lang. Und wie traurig ist es, wenn irgend jemand meint, er ist gläubig – und er hat in Wirklichkeit den Weg nie gefunden.

Da kenne ich einen Geschäftsmann, er ist 32 Jahre alt, und er sagte zu mir: »Wissen Sie, Herr Klassen, ich wurde immer für gläubig gehalten. Meine Eltern, der

Pfarrer, die ganze Nachbarschaft, die haben nie gedacht, daß es bei mir nicht in Ordnung gewesen wäre . . .« Aber es war genau um Mitternacht, als wir dann zusammen knieten und er sein Herz für den Herrn Jesus auftat.

Prüfen ist besser als falsche Sicherheit

Kürzlich war ich in Süddeutschland. Da sagte mir ein 33jähriger Landwirt: »Herr Klassen, ich ging zu einem gewissen Prediger – ein bekannter Evangelist. Und ich habe ihm gesagt, ich wäre mir nicht sicher und hätte meine Zweifel. Und der hat zu mir gesagt: ›Junge, bei dir ist alles in Ordnung!‹« Er sagte zu mir aber: »Ich wußte aber ganz genau, bei mir ist nicht alles in Ordnung! Und ich ging zu einem weiteren Pfarrer, einem hier sehr bekannten Mann, den wir alle schätzen, weil er evangelistisch sehr tätig ist. Bei der gleichen Frage sagte er mir wieder: ›Ach, Junge, bei dir ist alles in Ordnung!‹ Aber es war nicht in Ordnung. – So, wie Sie das sagen, Herr Klassen, so müßte man das öfter hören.«

Dieser Dienst ist notwendig. Der Teufel möchte uns so gerne irgendwie halb und halb dazwischen haben: zu fromm für die Welt, aber zu weltlich für die Christen. Er will, daß man dann versucht, sich damit abzufinden. Deshalb meine ich, man sollte klar sprechen, auch wenn man mal so eine Antwort bekommt, wie sie mir ein Pfarrer in Heidelberg sagte: »Herr Klassen! Wenn Sie so weiterpredigen, dann werden alle meine besten Christen anfangen zu zweifeln, ob sie wirklich Christen sind!« – »Gott sei Dank«, sagte ich, »wenn sie erst einmal anfangen zu zweifeln, dann werden sie sich prüfen, und das ist viel besser, wie wenn sie meinen, es sei alles in Ordnung, und sie gehen in die Hölle. Dann will ich sie lieber jetzt einmal unsicher machen, damit sie prüfen können, ob sie auf dem richtigen Fundament stehen.«

Ist der Empfänger auf den Sender eingestellt?

Im Epheserbrief wird sehr klar gesagt: »Ihr waret vorher tot!« Ich weiß nicht genau, wie man dieses Wort am besten erklärt. Manchmal ist es so, wie wenn man den Empfänger nicht auf den Sender eingeschaltet hat. Meine Frau und ich waren in einem Nebenzimmer, als ich nach unsern Jungen, die im Zimmer nebenan spielten, ganz deutlich rief. Aber keine Reaktion, sie spielten weiter. Kurz darauf kam der Nachbarsjunge die Treppe herauf. Er war noch weiter entfernt wie wir, und er rief die Namen der beiden Jungen bedeutend leiser. Aber unsere Jungen sprangen auf und liefen zur Tür.

Wo lag der Unterschied? Meiner Stimme gegenüber waren sie »tot«, denn sie wußten, wenn der Vater ruft, gibt es irgendwie eine Aufgabe oder sowas. Aber wenn der Kamerad rief, dann ging's zum Spielen! Ist das nicht mit manchem Menschen so, der sich ehrlich sagen muß: »Ich weiß ganz genau, daß Gott mich gerufen hat. Aber ich wollte nicht hören. Ich war viel zu viel mit mir selber beschäftigt. Ich war nicht für ihn da. Ich war für mich da. Mein ganzes Streben ist: Wo kann ich mehr Spaß haben? Wo kann ich mehr Geld verdienen? Wo kann ich populär sein? Das ist mein Streben. Ich suche in der Welt mein Glück. Aber tief in meinem Herzen ist es nicht so. Mir fehlt irgend etwas!«

Das größte aller Wunder

Das größte Wunder ist die Wiedergeburt. Wir sind wiedergeboren durch das lebendige Wort. Das ist ein viel größeres Wunder, als wenn jemand todkrank ist und er wieder gesund wird. Gott schuf die Welt und alles was so schön ist, die Blumen, die Sterne, die Vögel. Das alles hat er geschaffen, indem er ein Wort sprach. Er sprach, und es war da, die Welt und alles, was darin ist. Aber um uns die Erlösung zu ermöglichen und damit die Wiedergeburt, mußte Gott sterben. Deshalb war es auch dem Apostel Paulus nie zuviel, immer wieder auf die Bekehrung hinzuweisen und immer wieder dem Herrn zu danken für seine Größe und seine Erlösung. Darum sagt er uns im Epheserbrief so klar: »Er hat uns samt Christo lebendig gemacht!« Dasselbe Leben, das in Christus ist, durch das er vom Tode auferstanden ist, dieses Leben hat er uns geschenkt. Das ist die Gabe Gottes. Das ist es, was er für uns getan hat!

Wer hat, der hat!

Gott sieht dein Herz. Er weiß ganz genau, ob du sein Eigentum bist oder nicht. Du weißt auch, ob der Herr Jesus in dir wohnt oder nicht. Du brauchst gar nicht zu zweifeln. In Frankfurt kam ein Fräulein zu mir und sagte: »Herr Klassen, ich habe so viele Zweifel, ob ich ein Gotteskind bin oder nicht.« Ich fragte: »Sind Sie verheiratet?« – »Nein«, sagte sie und schien gar nicht zu wissen, daß es da irgendeine Verbindung des einen Gedanken mit dem anderen geben könnte. »Das scheinen Sie gut zu wissen«, sagte ich. »Sie sind nicht verheiratet, weil Sie nie einen Bund geschlossen haben mit einem Mann. Ebenso können Sie wissen, ob Sie einen Bund mit Jesus geschlossen haben oder nicht. Er ist eine Person. Entweder Sie haben ihn, oder Sie haben ihn nicht. Das sagt doch die Bibel ganz einfach: ›Wer den Sohn hat, der hat das Leben. Wer den Sohn Gottes nicht hat, der hat das Leben nicht.‹ Es kann jemand noch so anständig und freundlich sein, noch so viel beten, noch so viel Gutes tun, noch so viel die Bibel lesen. Wenn er den Sohn Gottes nicht hat, dann hat er das Leben nicht.«

Weshalb wir noch auf der Erde sind

Es gibt Leute, die die Bibel lesen und sogar oftmals durchgelesen haben. Aber sie sind keine Gotteskinder. Wenn wir aber wissen, daß wir Gotteskinder sind, und wir wissen, daß Gott das auch weiß, dann fragen wir uns, weshalb wir dann noch hier auf der Erde sind und nicht schon bei ihm. Ich sehe es einfach so: Wir sind noch hier, um andere Menschen einzuladen, mitzukommen. Das wurde mir klar, als ich mit 16 Jahren zum Glauben kam. Da war ich ganz allein in meinem Zimmer, zu Hause in Saskatchewan in Kanada. Ich hatte in der Bibel gelesen und gesucht. Vorher war ich gar nicht interessiert. Aber an diesem Abend wurde es mir sehr, sehr wichtig, daß ich mich doch darauf vorbereiten müßte, vor Gott zu stehen. Im Johannesevangelium fand ich die Antwort und nahm ganz persönlich den Herrn Jesus an. Dann ging ich ins Bett und dachte: »Großartig! Jetzt bin ich auf dem Weg zum Himmel! Wenn ich heute nacht sterben würde, dann würde ich im Himmel sein. Oder wenn Jesus heute nacht kommen würde, dann würde ich bei ihm sein.« Und das machte mich so glücklich.

Dank für das größte Geschenk

Am nächsten Morgen, als ich merkte, daß ich noch auf der Erde war, kam mir eine sehr logische Frage: »Ernst, jetzt bist du auf dem Weg zum Himmel. Das ist kein Verdienst, das ist Geschenk. Wie kannst du Gott jetzt zeigen, daß du dankbar dafür bist?« Und wissen Sie, welche Antwort zu mir kam und mir seit dem oft gekommen ist? »Ernst, wenn du dankbar bist, dann sag es doch anderen!« Ich habe noch nie an dieser Antwort gezweifelt. Damals habe ich gesagt: »Herr, das ist ja nicht zu viel erwartet, es anderen einfach zu sagen.«

Aber ich war furchtbar schüchtern. Ich sollte es anderen sagen? »Oh Herr!« Da habe ich viel darum gekämpft. Ich weiß noch, wie ich das erste Traktat einem anderen Menschen weitergegeben habe, da bin ich schnell abgehauen und habe mir gesagt: »Mensch, hoffentlich stellt der mir jetzt nur keine Frage!« Heute fällt es mir noch immer schwer, den Mund aufzutun und etwas über Jesus zu sagen. Es ist leicht, über den Nachbarn oder über die Regierung zu schimpfen. Damit hat keiner ein Problem. Aber für den Herrn Jesus zu zeugen, das fällt so schwer. Und doch bin ich mir ganz sicher, daß das der Grund ist, daß du und ich als Gotteskinder noch hier auf der Erde sind.

Wer nichts wagt, der erlebt nichts

Der Herr will haben, daß wir jemand mitbringen. Und ich bin auch der Überzeugung: Da ist irgend jemand, den du noch gewinnen kannst. Den können andere Geschwister nicht gewinnen, den kann ich nicht gewinnen. Du allein kannst das Vertrauen dieses Menschen gewinnen.

Du solltest jetzt versuchen, diesen Menschen zum Herrn Jesus zu führen! Wenn du nicht weißt wie, dann sag zu ihm: »Hör mal, wir lesen einmal zusammen Johannes, Kapitel 3.«

Eine Frau, die gar nicht so genau wußte, ob sie ein Gotteskind war oder nicht, zu der sagte der Prediger: »Gehen Sie mal hin zu Ihrer Nachbarin und lesen Sie mit ihr Johannes, Kapitel 3.« Später sagte die Frau: »Als wir das zusammen lasen, wurde ich mir auf einmal sicher im Blick auf mein Heil, und die andere Frau nahm das Heil an.« Ich glaube, viele Christen erleben nichts, weil sie nicht bereit sind, etwas zu wagen. Wenn wir bereit sind, die Verheißungen Gottes in Anspruch zu nehmen, warum nicht auch die Befehle? Der Befehl lautet: »Gehe hin und sage es anderen!« Das ist die Wirklichkeit, in der wir einen Dienst zu verrichten haben, den Gott von uns verlangt.

Glück – nur in einem Leben für Gott

Das wird uns in der Bibel sehr klar gesagt: Es kommt ein Tag, an dem ein jeder wird offenbar werden vor Christus, und alle werden sie Rechenschaft ablegen von dem, was sie getan haben bei Leibesleben. Es ist überaus wichtig, wie wir leben. Es ist wichtig, ob ich jetzt für die Zukunft und für den Herrn lebe oder nur für mich. Und es gibt auch Christen, die sind ebenso selbstsüchtig wie Weltmenschen, die leben für nichts anderes als nur für sich. Da gibt es Leute, die schon alt geworden sind, aber nie für den Herrn einmal ein Zeugnis abgelegt und sich nie um die Sache des Herrn gekümmert haben, obwohl sie sagen, daß sie den Herrn angenommen haben. Solche Leute sind nicht glücklich. Christen, die für Gott und für andere leben, sind glücklich! Die für sich selbst leben, können nicht glücklich sein!

»Wir sind sein Werk«

Gott hat einen Plan für uns. Das Leben ist sinnvoll. Es ist nicht nur ein Existieren, Aufstehen und Schuften und Arbeiten, um etwas zu essen zu haben, auf daß man mehr arbeiten kann, auf daß man mehr Geld verdienen kann, auf daß man wieder mehr zu essen kaufen kann . . . Nein, es ist mehr. Obwohl die Arbeit notwendig ist und schön, wenn man sie mit Freude tun kann, muß sie doch immer die zweite Stelle einnehmen. Jesus Christus hat uns sehr klar gesagt: Er verlangt die erste Stelle! »Trachtet am ersten nach dem Reich Gottes!« Und dann die andere Zusage: »Denn wir sind sein Werk, geschaffen in Christo Jesu zu guten Werken, zu welchen Gott uns zuvor bereitet hat, daß wir darin wandeln sollen.« So kann das Leben glücklich sein.

Zeugnisse vor Schülern, vor Mitgliedern von Sekten, auf der Straße und in Bibelstunden

»Ein Träumer«

In Deutschland hatte ich schon oft gute Gelegenheiten, in verschiedenen Schulen Zeugnis von Jesus zu geben. Auch in Wittlich, in der Eifel, wagte ich einen Versuch. Der damalige Prediger einer Gemeinde meinte, daß ich wahrscheinlich bei der örtlichen katholischen Schule keine Chance haben würde. Aber ich wollte es auf jeden Fall probieren. So ging ich zum Rektor und sagte: »Ich würde gerne einmal den Unterricht in Ihrer Schule übernehmen und den Schülern erzählen, was Gott in meinem Leben als Kanadier bedeutet.« Er sagte sofort zu, und ich durfte am nächsten Morgen von 7.30 Uhr bis 12.30 Uhr fünf verschiedene Klassen unterrichten. Die Schüler waren sehr aufmerksam. Nach diesen Stunden sagte ich zum Direktor, daß ich gerne bereit wäre, zu den fortgeschrittenen Englisch-Schülern zu sprechen. »Ja«, sagte er, »kommen Sie doch am Samstag.«

Am Samstag hatte ich 150 Schüler im Alter von 18 bis 21 Jahren vor mir. Sie sprachen schon alle sehr gutes Englisch, und so konnte ich mich gut mit ihnen unterhalten. Der Lehrer stellte mich vor und sagte: »Hier ist ein Mann aus Kanada. Er wird Ihnen etwas von dem erzählen, was Gott in seinem Leben getan hat.« Dann sagte er zu mir: »Nehmen Sie soviel Zeit, wie Sie wollen. Die Stunde gehört Ihnen.« Ich nahm etwa 90 Minuten und erzählte in Englisch, was der Herr in meinem Leben bedeutete. Sie waren alle sehr aufmerksam. Ich hatte den Eindruck, sie begriffen durchaus, was ich sagte.

Später bekam ich eine umfangreiche Postsendung. Der Lehrer hatte die Schüler einen Aufsatz schreiben lassen über das, was ich gesagt hatte und was sie darunter verstanden hätten – und zwar in englischer Sprache. Ich bekam die Aufsätze. Es waren etwa elf Stück – und alle hatten den einen Satz drin: »Herr Klassen sagt, es gibt nur einen Weg zum Himmel, und das ist durch Jesus Christus; so wie es die Bibel sagt.«

Ich war sehr dankbar, daß es alle so gut verstanden hatten. Einer schrieb: »Ich bin ein Moslem, aber das habe ich verstanden.«

Ein Mädchen schrieb am Ende ihres Aufsatzes: »Herr Klassen hat keine Berührung mit der Wirklichkeit unseres Atomzeitalters. Er ist ein Träumer, aber ein glücklicher Träumer.« – Ich sagte: »Herr, hilf du mir, daß ich weiter so träume!«

Wo kann ich Frieden finden?

Bei einer Freizeitgruppe war ein Mann, der 15 Jahre nach Frieden suchte. Er erzählte mir, er arbeite bei einer Tankstelle und wußte schon lange, daß ihm irgend etwas fehlte. »Um mich herum waren religiöse Leute, aber ich fand nicht das, was mir fehlte.«

Eines Tages kam jemand, der ihm sagte, daß er durch die Bibel die Wahrheit finden könne. Er begann zu lesen und ist zum Frieden mit Gott gekommen. Bis spät in die Nacht vertiefte er sich in der Bibel. Er sprach die Menschen, die zu ihm an die Tankstelle kamen, auf den Glauben an.

Dieses Beispiel war für mich eine Ermutigung. Es gibt tatsächlich immer noch Menschen, die auf der Suche sind. Es ist meine Aufgabe, so gut ich es kann, sie aufzufinden.

Meins gefiel ihr besser

Wiederum sprach ich bei einer Versammlung. Es waren auch zwei ältere Damen da, die im gleichen Hotel wie ich wohnten. Ich hatte sie eingeladen, zur Bibelstunde zu kommen, aber sie sagten mir, daß sie Theosophen seien. Ich rechnete nicht mit ihrem Kommen – aber eine der beiden Frauen saß tatsächlich unter den Besuchern. Am nächsten Morgen fragte ich sie, wie sie wohl geschlafen hätte. »Oh«, sagte sie, »ich habe nicht geschlafen, ich habe immer wieder darüber nachgedacht, was Sie am gestrigen Abend gesagt haben.«

Wir sprachen kurz miteinander. Ich sagte ihr: »Das eine, was Ihnen fehlt, ist eine Verbindung zu Gott durch Jesus Christus.« Am Ende sagte sie: »Ich habe zwar meine Religion, aber ich glaube, mir gefällt die ihrige besser.«

Gott liebt mich und dich auch

Als wir noch in Calgary wohnten, besuchten uns zwei Zeugen Jehovas. Ich schickte ein Stoßgebet zum Himmel: »Gott, hilf du mir, daß ich ihnen in Liebe begegne. Du liebst sie, und ich möchte das auch tun. Ich möchte ihnen gerne helfen.«

Ich sagte zu den beiden Männern: »Kommt rein, Jungs, ich habe viele Fragen, die ich euch stellen möchte. Setzt euch, und dann wollen wir ein bißchen miteinander sprechen.« Ich fragte sie, wie lange ich wohl arbeiten müsse, um ein guter Zeuge Jehovas werden zu können. »Kann ich jemals so weit kommen, daß ich es hundertprozentig weiß, ein Zeuge Jehovas zu sein? Wenn dem so ist, wann werde ich das endlich erreicht haben, und was habe ich dann davon?«

Sie versuchten, so gut sie es nur konnten, zu antwoten, obwohl das für sie nicht leicht war. Ich sagte: »Jungs, habt ihr jemals von anderer Seite etwas vom Glauben und von Gott gehört als von eurer Religion?« – Einer verneinte das, er war in eine solche Familie hineingeboren worden. Ich fragte: »Wollt ihr auch einmal etwas anderes hören? Gerne würde ich euch sagen, wie ich zu Gott und zu Jesus Christus stehe.« Sie sagten: »Ja, gerne.« So habe ich ihnen dann erzählt, wie Jesus mich errettet hat. Ich sagte ihnen, daß ich mit 16 Jahren ihn annehmen durfte und ER mir nicht nur Freude, sondern auch ein Ziel im Leben geschenkt hat. Mein Leben hat durch IHN einen wahren Sinn bekommen.

Interessant war es, daß am nächsten Samstag zwei Mormonen kamen. Und wieder schickte ich ein schnelles Gebet zum Himmel: »Herr, hilf du mir, daß ich die Jungs liebe. Es ist mein Wunsch, ihnen eine Hilfe zu sein.«

Wieder eröffnete ich unser Gespräch. »Ich habe viele Fragen, was muß ich tun, um ein echter Mormone zu werden? Wie lange muß ich arbeiten, bis ich ein hundertprozentiger Mormone bin? Wenn ich es geworden bin, was habe ich dann davon?« Es gab wieder eine Reihe undeutlicher Antworten. Ich fragte: »Haben Sie jemals von anderer Seite von Gott gehört als nur durch eure Religion?« – Einer verneinte das sofort. Von Kind an kenne er nichts anderes. Er durfte nie irgendwo anders hingehen. »Oh«, sagte ich, »da will ich Ihnen gerne auch einmal Zeugnis davon geben, was Gott in meinem Leben bedeutet und wie Jesus Christus mich errettet hat.« – Wieder hatte ich den Eindruck, daß es gut ankam.

Auch im Umgang mit solchen Menschen müssen wir bedenken, daß Gott sie liebt und daß er sie erretten will. Es ist gut, wenn wir wenigstens ein kurzes Zeugnis davon geben, wie Gott bereit ist, den zu erretten, der seinen Namen anruft.

Großartige Neuigkeiten

Ich nahm einen Anhalter mit und sagte zu ihm: »Ich weiß etwas sehr Interessantes, das ich Ihnen gerne weitersagen will. Es gibt ja viele Leute, die irgendwo ein Haus suchen, in dem sie sich niederlassen und sich zu Hause fühlen können. Das ist bei den heutigen Preisen sehr schwierig. Aber es gibt ein Haus, eine Wohnung, die völlig ausgestattet und sehr schön ist. Und – das Bemerkenswerte daran ist – sie ist kostenlos. Sie können sie ohne Geld bekommen.« Der Mann schien interessiert zu sein. Ich sagte ihm: »Dieses Haus, diese Heimat ist im Himmel, und wenn Sie den Namen des Herrn Jesus anrufen, dann kann ich Ihnen nach Gottes Wort zusagen, daß der Herr Jesus für Sie eine Wohnung vorbereitet. Eines Tages wird er Sie abholen, Sie brauchen nur den Herrn Jesus anzurufen.« – Der Anhalter bat mich plötzlich, aus dem Auto aussteigen zu dürfen. Es war fast, als ob ich eine ansteckende Krankheit gehabt hätte.

Liebliche Füße

Ich war in Deutschland in einem Schuhladen. Zwei Damen bedienten mich. Nachdem ich verschiedene Schuhe angeschaut hatte, sagte ich: »Wissen Sie, ich habe liebliche Füße.« Die beiden Frauen waren etwas überrascht. – »Ja, die Bibel sagt: ›Wie lieblich sind die Füße derer, die das Evangelium verkündigen.‹ Ich bin ein Verkündiger des Evangeliums, und deshalb habe ich liebliche Füße. Ich möchte Ihnen auch gerne das Evangelium verkündigen.« Jede bekam ein Johannesevangelium. Als ich den Schuhladen verließ, dachte ich: »Es ist wirklich eine interessante Sache. Warum sagt die Bibel nicht: Wie lieblich sind die Lippen . . .? Der Glaube kommt durch das Hören und nicht dadurch, daß einem die Leute auf die Füße schauen.« Es kam mir in den Sinn, daß der Herr uns damit sagen will, daß die Füße den ganzen Leib in Bewegung setzen. Wir sind Beauftragte, anderen diese wunderbare Botschaft zu sagen.

Ist der Glaube auch etwas für Intellektuelle?

Nach einer Predigt kam ein Mann zu mir und sagte: »Ist das wirklich etwas für Intellektuelle? Ich bin ein Professor an der Universität in Trier. Ich habe meine Doktorarbeit in den Fächern Philosophie und Theologie gemacht. Ich bin römisch-katholisch. Ist das etwas für solche?« Vielleicht wollte er damit andeuten, daß meine Predigt zu einfach war und sie nur für Kinder und nicht für Professoren geeignet ist. Ich dachte: »Wie kann ich mit einem solchen Mann sprechen? Muß ich meinen Wortschatz anheben, um auf seiner Ebene zu sprechen?« Aber ich konnte die Schraube nicht finden! Ich sagte: »Ja, es ist etwas für Intellektuelle, wenn Sie bereit sind, zu werden wie ein Kind. Jesus sagt: ›Es sei denn, daß ihr werdet wie die Kinder, so könnt ihr nicht ins Reich Gottes kommen.‹ Er hat nicht gesagt: Es sei denn, daß ihr werdet wie die Theologen.« Seine Antwort überraschte mich. »Ja, ich bin willig, ich will werden wie ein Kind.« So konnte ich ihm das einfache Evangelium weitersagen. Ich glaube, er hat es angenommen. Eines Tages werde ich im Himmel schauen, ob er da ist. Durch den kindlichen Glauben kann man das ewige Leben erhalten.

Gut, daß Benzin teuer ist

Ich hatte wieder für einen Dienst zugesagt. Ein Freund bot mir an, mich zu fahren. Unterwegs meinte er: »Es ist doch gut, daß das Benzin so teuer ist – dann fährt man nämlich nicht so schnell.« Als ich auf seinen Tachometer schaute, fuhr er etwa 200 Stundenkilometer. Mir ging etwas durch den Sinn, und in meiner anschließenden Predigt sagte ich dann: »Wenn der Apostel Paulus so ein Auto gehabt hätte und so einen Fahrer wie ich ihn habe, dann hätte er die ganze Welt zehnmal evangelisieren können. Er hat es schon ziemlich gut zu Fuß gemacht.«

Botschafter

Ich nahm wieder einmal einen Anhalter mit. Wir kamen miteinander ins Gespräch. Er fragte mich: »Was ist Ihr Hauptberuf?« – »Oh, ich bin Botschafter.« Er schaute mich an und war etwas erstaunt, mit einem Botschafter fahren zu können. – »Ja, ich bin ein Botschafter des Königs aller Könige und des Herrn aller Herren. Und er hat mir auch ein Wort gegeben, das ich dir weitersagen soll. Die Botschaft für dich heißt: Laß dich mit Gott versöhnen.« Ich zitierte aus 2. Korinther 5, habe mit ihm darüber gesprochen und ihm eine kleine Karte gegeben, worauf ein Gebet gedruckt war. Dann bat ich ihn, dieses zu lesen. Es lautete folgendermaßen: »Herr Jesus, ich weiß, daß ich ein Sünder bin. Ich glaube, daß du für mich gestorben bist, und ich bin jetzt bereit, dich als meinen Heiland und Herrn anzunehmen.« Ich bat ihn dann, es noch einmal zu lesen. »Kannst du das wirklich von ganzem Herzen sagen?« fragte ich ihn. – Er antwortete: »Ich glaube, das kann ich tun.« – »Gut, wenn dem so ist, dann werden wir uns eines Tages im Himmel treffen! Ist das nicht wunderbar?«

Renate-Tag

Eines Tages wollte ich eine Frau im Krankenhaus besuchen. Ihr Name war Renate. Unterwegs sah ich am

Straßenrand ein Mädchen, das mitfahren wollte. Sie war 26 Jahre alt, eine Lehrerin, und ihr Name war Renate. Als ich so mit ihr sprach, zitierte ich Johannes 3, 16 mit persönlicher Übersetzung. »Also hat Gott Renate geliebt, daß er seinen eingeborenen Sohn gab, auf daß Renate – so sie glauben würde – nicht verlorengeht, sondern das ewige Leben hat.« Ich fragte sie: »Kannst du das wirklich sagen? Glaubst du, daß Gott dich wirklich liebt, daß Jesus Christus für dich gestorben ist, daß Gott dir heute das ewige Leben schenken möchte, damit du nicht verlorengehst, sondern das ewige Leben hast?« Sie schien es zu verstehen und hatte es auch so gesagt. Wir beteten zusammen, sie stieg aus, ich fuhr weiter. Im Krankenhaus suchte ich die andere Renate auf; sie teilte das Zimmer mit einer anderen Frau. Ich fragte, ob es recht wäre, wenn ich laut sprechen würde, damit sie hören könne, was ich Renate Wichtiges zu sagen habe. Eigentlich hätte ich mir das sparen können, denn meine Stimme ist sowieso nicht zu überhören. Die Frau war einverstanden. Wir sprachen über das Heil, wie man ein Gotteskind werden kann u.a.m. Abschließend betete ich noch für die beiden.

(Später schrieb mir Renate nach Kanada, daß mein Gebet ihre Bettnachbarin sehr bewegt habe. Das war das erste Mal, daß das jemand für sie tat.) Am Abend erzählte ich im Bibelkreis von meinen Erlebnissen mit den beiden Renates. Nach der Bibelstunde kam eine Frau auf mich zu. »Mein Name ist Renate. Ich bin auch gekommen, weil ich eine suchende Seele bin. Als ich hörte, wie Sie der Anhalterin Johannes 3, 16 erklärten, wurde mir klar, wie ich ein Gotteskind werden kann.«

Diesen Tag bezeichnete ich als Renate-Tag.

Ich habe in München evangelisiert. Eines Tages kam ich an einer Schule vorbei. Es war gerade Pause, die Schüler waren draußen auf dem Schulhof, und da stand auch eine Lehrerin. Ich ging zu ihr, begann ein Gespräch. Unter anderem sagte ich ihr, daß ich aus Kanada komme und ich gerne in ihrer Schule zu den Schülern sprechen würde. Sie sagte: »Sie sind ein Kanadier? Ich wollte schon immer einmal einen Kanadier treffen. Wenn Sie wollen, dann können Sie gleich reinkommen. Ich hätte eigentlich Biologie, aber Sie können gerne mit meinen Schülern sprechen. Es ist die 6. Klasse.« So ging ich rein und sagte ihnen, daß ich von Kanada komme. Ich hätte in München und Umgebung sehr viele Kruzifixe gesehen, nun meine Frage: »Wer hängt wohl an dem Kreuz?« Nach einer gewissen Zeit sagte Andreas, ein Junge in der vorderen Reihe: »Jesus hing am Kreuz.« – »Ja«, sagte ich, »aber weshalb hing er am Kreuz? Was hat er verschuldet? Warum hat man ihn gekreuzigt?« – Zunächst erhielt ich keine Antwort. Schließlich stellte ich die Frage: »Könnte es sein, daß er für unsere Sünden gestorben ist?« – Darauf gab es ein allgemeines Kopfnikken. Ich bestätigte: »Das stimmt. Davon spricht auch die Bibel. Das sagt auch die römisch-katholische Kirche. Aber ich habe dazu eine Frage: »Warum sagt dann die Kirche, daß man als Kind getauft werden muß, um die Erbsünde weggenommen zu bekommen? Ist Jesus nicht für die Erbsünde gestorben?« – Naja, darauf bekam ich natürlich keine Antwort. Ich fuhr fort. »Stimmt es, daß ihr ermutigt werdet, eure Sünden zu bekennen? Sagt nicht dann der Priester: Dir sind deine Sünden vergeben. – Ist Jesus nicht auch für diese Sünden gestorben? Muß der Priester dir die Sünden vergeben?« Ich sagte weiter:

»Betrachten wir unser Leben. Wir werden aufgefordert, etwas zu leisten. Am Ende, nach dem Tod, geht man ins Fegefeuer, um noch für nicht vergebene Sünden zu bezahlen. Wenn das so ist, muß ich fragen: Für welche Sünde ist Jesus gestorben? Anscheinend hat sein Tod nicht viel geholfen.« Das alles war für die Kinder etwas fremd, und ich bekam groß keine Antworten auf all meine Fragen. Aber ich gab nicht auf: »Ja, es stimmt, Jesus ist für alle unsere Sünden gestorben. Und wenn wir ihn persönlich annehmen und das, was er für uns getan hat, dann sind unsere Sünden alle vergeben. Das heißt, daß wir dann Gotteskinder geworden sind. Er will, daß wir ihm aus Liebe dienen. Nicht um dadurch etwas zu erreichen, sondern weil er so viel für uns getan hat.«

Ich sagte zu Andreas in der vorderen Reihe: »Wenn ich dir mein Auto schenken und morgen auf der Straße stehen würde und von dir mitgenommen werden wollte, was würdest du tun? Sicher würdest du sagen: Dieser Mann hat mir das Auto geschenkt, den nehm' ich mit. Du würdest das tun aus Dankbarkeit über das Geschenk, nicht um mir dadurch das Auto zu bezahlen. Das will auch der Herr Jesus. Er will, daß wir ihm dienen, weil er soviel für uns getan hat.«

Ich denke, die Klasse war sehr beeindruckt. Die Lehrerin war sehr dankbar und meinte: »Das habe ich noch nie so gehört!«

Dieses Erleben erzählte ich abends innerhalb meiner Predigt. Nach der Bibelstunde kam dann ein 70jähriges Ehepaar auf mich zu. »Jetzt wissen wir, worum es geht. Heute ist es uns klargeworden, was es heißt, ein Gotteskind zu werden.« Ich glaube, es ist gut, wenn man immer wieder neu erklärt, was es heißt, ein Gotteskind zu werden und Errettung zu erfahren.

Geschichten, die als illustrierende Beispiele gebraucht werden können

Der wahre Reichtum

Ich hörte eine Geschichte von einem Mann namens Hans. Er war sehr arm und arbeitete bei einem sehr reichen Bauern. Hans war Christ, aber sein Chef war ein ungläubiger Spötter über das Christentum. Als Hans eines Tages bei seinem Abendbrot saß – es war ein ganz einfaches Essen –, verneigte er sich und dankte Gott für dieses Essen. In diesem Augenblick kam der Bauer vorbei. »Kann dein Gott dir nichts Besseres geben als das, was du zu essen hast? Welchem Gott dienst du?« Hans schwieg. Spät am Abend gab ihm der Herr eine Vision, darin hieß es: »In dieser Nacht wird der reichste Mann des Ortes sterben.« Hans lief zum Bauern und erzählte ihm davon. Jener rief den Arzt, der ihn untersuchte und sagte: »Bei dir ist alles in Ordnung, du bist ganz gesund.« Der Bauer aber bat ihn: »Bleibe heute nacht bei mir, denn ich habe ein sehr ungutes Gefühl.« So blieb der Arzt für die Nacht da. Um 3 Uhr morgens erreichte den Bauern die Nachricht vom Tod seines armen Arbeiters Hans, der in Wirklichkeit der reichste Mann des Ortes war. Die Bibel sagt uns, wahrer Reichtum ist das, was man im Himmel sammelt. Ein weiteres dazu passendes Wort lautet: Die Reichen sind nicht unbedingt glücklich; aber wer glücklich ist, der ist reich.

Die Schaufel ist größer

Ein Bauer war sehr reich und gab sehr viel für die Arbeit des Herrn. Eines Tages fragte ihn jemand: »Wie kann das sein, du gibst so viel und hast doch noch so viel? Wie schaffst du das nur?« – »Oh«, sagte er, »ich habe einen Speicher voll Weizen: ich schaufle raus, und Gott schaufelt rein, aber seine Schaufel ist größer als die meinige.«

Das erinnert mich an einen Spruch, den ich einmal an einer Wand las: »Wir geben nicht, weil wir haben, sondern wir haben, weil wir geben.«

Nur ein Pfennig

Sehr oft erzähle ich die folgende Geschichte, um zu erklären, daß wir uns das Heil in Jesus oder die Vergebung der Sünden nicht kaufen können. Es kommt nicht darauf an, was wir leisten. Nur der kindliche Glaube zählt. »Stellt, euch vor, ich hätte einen sehr reichen Freund, mit dem ich zwei Monate lang die Welt bereisen würde. Wir nehmen das Flugzeug, genießen viel Luxus – alles auf seine Kosten. Wir besuchen die schönsten Plätze der Welt, wir sehen viele Großstädte, leben in den besten Hotels, essen die besten Mahlzeiten. Mein Freund gibt mir, was ich haben will. Nach zwei Monaten kommen wir nach Hause. Ich sage zu ihm: ›Du, das war echt großartig. Du hast mir alles gegeben, was ich mir immer gewünscht habe. Ich möchte dir dafür etwas bezahlen.‹ Ich nehme das Portemonnaie und gebe meinem Freund einen Pfennig. Wenn er diesen annimmt, dann kann ich sagen: ›Wir beide haben die Reise finanziert.‹ Du sagst: ›Das ist aber töricht.‹ Ja, das stimmt. Auch die Bibel sagt uns, daß Jesus alles für uns getan hat und wir nichts mehr hinzutun können. Er hat unsere Sünden auf Golgatha alle weggenommen. Er sagt selber, daß er seinen Ruhm mit niemandem teilen möchte. Wir werden allein aus Gnade durch seine Gnade aus Glauben selig. Dieses Geschenk können wir nicht bezahlen, sondern nur dankbar annehmen.«

In Lukas 13, 23 fragte einmal ein Jünger den Herrn Jesus: »Herr, meinst du, daß nur wenige selig werden?« – Eine sehr interessante Frage. Oft, wenn ich mir so die Leute betrachte, frage ich mich: Kann es wirklich sein, daß so viele Menschen auf ewig verloren sind, nur weil sie Jesus nicht in ihr Herz aufgenommen haben?

Wichtig scheint mir die Aussage Jesu: Wir sollen uns bemühen, wir sollen danach streben, um durch die schmale Pforte zu gehen. – Ist es wirklich so schwierig, errettet zu werden? Hat nicht der Schächer am Kreuz ein ganz einfaches Gebet gesprochen, indem er sagte: »Herr, gedenke meiner, wenn du in dein Reich kommst.« Hat nicht der Zöllner in Lukas 18 ganz schlicht gebetet: »Gott sei mir Sünder gnädig!« – Nur fünf Worte! – Der Mann ging gerechtfertigt nach Hause.

Haben nicht Paulus und Silas zum Kerkermeister gesagt: »Glaube an den Herrn Jesus, so wirst du und dein Haus selig!« (Apg. 16, 31)? Sagt uns nicht Paulus in Römer 10, 13: »Wer den Namen des Herrn anrufen wird, soll gerettet werden.«?

Warum sagt Jesus: »Wie eng ist die Pforte und wie schmal der Weg, der zum Leben führt, und wenige sinds die ihn finden.«

Wenn ich es richtig verstehe, ist es nicht so schwierig, durch die Tür zu gehen, aber es ist sehr schwer, sich aufzumachen, um durch die Tür zu gehen. Es halten uns Freunde zurück, es halten uns die Verbindungen zu Beruf und Materiellem zurück. Wenn man aber aufrichtigen Herzens bereit ist, dem Vergänglichen den Rücken zuzuwenden, dann ist der Eingang in diese Tür nicht mehr sehr schwer.

Ein gutes Beispiel: Eine ungläubige Frau sagte einmal

zu einer gläubigen Frau: »Ich würde die ganze Welt geben, wenn ich das hätte, was du hast.« – »Ja«, entgegnete diese, »das ist genau das, was es kosten würde.«

In einer Schule wurde ich einmal von einem 18jährigen Mädchen gefragt: »Wie schmal ist der schmale Weg?« Ich sagte: »Er ist so schmal, daß wir nur ein Buch haben, das uns zuverlässig darüber Auskunft geben kann. Es gibt nur eine Person, die uns darüber Bescheid sagen kann, und das ist der Herr Jesus. Nur die Bibel gibt uns Auskunft, deshalb ist der Weg so schmal.«

Jesus weinte

Wenn ich so die Welt betrachte, die vielen Blumen, die Gott geschaffen hat; wenn ich die vielen verschiedenen Vögel betrachte und ihrem Gesang zuhöre, dann habe ich den Eindruck: Gott will, daß wir froh sind. Es gibt nur ein Hindernis, diese Freude zu erleben, und das ist die Sünde, die den Menschen traurig macht. Wie froh macht es mich, wenn Jesus sagt: »Der Himmel ist eure ewige Heimat, dort wird es keine Sünde mehr geben. Der Himmel wird ein wunderbarer Platz sein.«

Vielleicht hat Jesus deshalb an Lazarus' Grab geweint. Dieser war schon vier Tage im Himmel, und jetzt sollte er wieder zurückkommen auf diese Erde. Er sollte später noch einmal sterben. Ja, Gott hat einen wunderbaren Plan für uns, einen wunderbaren Platz bereitet er vor. Jesus sagt, er wird wiederkommen.

Jesus – ein Dieb

Die Bibel sagt: Jesus wird wiederkommen. Er wird kommen wie ein Dieb in der Nacht. Hauptsächlich spricht die Bibel davon, daß das ganz überraschend sein wird. Aber mir kommt hier noch ein anderer Gedanke, der mir sehr gut gefällt. Ein Dieb, wenn er einbricht, wird das stehlen, was ihm wertvoll ist. Er ist nicht mit ein paar alten Kochtöpfen zufrieden. Er sucht die Juwelen, er sucht die Schätze. Wenn Jesus als Dieb wiederkommt, dann wird er das nehmen, was ihm wertvoll ist. Die Bibel sagt uns in 1. Petrus 1, daß wir nicht mit Gold oder Silber erkauft worden sind, sondern mit dem teuren Blut des Lammes. Dasselbe haben wir auch in 1. Korinther 6 und 7. Wir sind teuer erkauft. Wenn Jesus wiederkommt, wird er kommen, um das Wertvolle zu holen. Wie gut, wenn man sich zu dem wertvollen Inventar zählen kann, zu den Wertvollen, die durch das Blut Jesu erkauft worden sind. Ich hoffe, daß du, der du dies liest, auch zu denen gehörst.

Spiegel

Ich habe schon gesagt, Gotteskinder dürfen fröhlich sein. Die Bibel spricht viel von der Freude. Aber manchmal, wenn ich predige, sehe ich vor mir viele Christen, die gar nicht so glücklich aussehen. In einer solchen Gemeinde sagte ich einmal: »Ich wünschte, ich hätte genug Spiegel, damit ich jedem von Ihnen einen Spiegel geben könnte. Ich wünschte, Sie könnten sehen, was ich sehe.« Ich glaube, das hat ein bißchen geholfen.

Vielen ist oft gar nicht bewußt, wie unglücklich sie aussehen, obwohl sie Gotteskinder sind. Aber der Herr hat uns die Freude geboten. Er nennt uns einige Gründe: Die Namen seiner Kinder sind im Himmel aufgeschrieben (Luk. 10, 20). Wir dürfen auch darüber froh sein über das, daß er uns täglich gibt, was wir zum Leben brauchen. Nicht vergessen wollen wir seine große Liebe zu uns, die er unter Beweis gestellt hat. Er kümmert sich um uns. Wir haben keinen Anlaß, traurig umherzugehen.

Reichlich ernten

In 2. Korinther 9, 6 sagt Paulus: »Wenn wir reichlich säen, werden wir reichlich ernten; und wenn wir kärglich säen, werden wir kärglich ernten.« Ich glaube, ich könnte noch einen dritten Satz hinzufügen: »Wer nicht sät, wird nichts ernten.« In Prediger 11, 6 werden wir ermahnt, den Samen auszustreuen zur Zeit und zur Unzeit, weil wir nicht wissen, was Frucht tragen wird. Es ist gut, immer bereit zu sein, das Wort des Herrn auszustreuen und zu erwarten, daß dadurch Frucht entsteht. Ein Bruder rief mich einmal an. »Ernest, denk daran, wenn du predigst, werden die, die unter das Wort kommen, naß, ob sie es wollen oder nicht.« In Jesaja 55 lesen wir, daß Gottes Wort wie der Regen ist und wie der Schnee, der vom Himmel fällt. Alle, die unter das Wort kommen, bekommen dessen Auswirkungen zu spüren. Das ist ein gutes Wort. Ich möchte mich und dich ermutigen, den Samen reichlich auszustreuen und zu erwarten, daß Gott uns eine gute Ernte gibt.

Humorvolle Geschichten

Predigersöhne unter sich

Zwei Predigersöhne sprachen miteinander. Meinte der eine zum anderen: »Mein Vater kann einen Bibelabschnitt nehmen und viele Predigten über denselben Abschnitt machen.« – Der andere meinte: »Mein Vater kann die verschiedensten Bibelabschnitte nehmen und immer dieselbe Predigt darüber halten.«

Opa schläft

Ich sage oft, wenn ich predige: »Bei mir dürft ihr einschlafen, wenn es zu langweilig wird.« Von einem Prediger weiß ich, der das ganz anders sah. In seinem Gottesdienst saß regelmäßig ein Opa, der schlief ebenso regelmäßig während des Gottesdienstes ein. Eines Tages rief der Prediger den Enkel des alten Mannes zu sich. »Junge, wenn du deinen Opa wachhältst, dann bezahle ich dir jeden Sonntag 50 Pfennig.« Das funktionierte an fünf Sonntagen sehr gut, aber am sechsten Sonntag schlief der Opa erneut. Sagte der Prediger: »Junge, wenn du deinen Opa nicht wachhältst, dann werde ich dir nichts zahlen.« – »Oh«, sagte er, »Opa hat mir eine Mark geboten, wenn ich ihn schlafen lasse.«

Besenkammer

Es ist immer etwas schwierig, eine neue Sprache zu erlernen. Ein Ausländer hatte damit viel Mühe. Am Sonntag sollte er predigen – aber er wurde übersetzt. So wollte er die Besucher wenigstens in ihrer Sprache begrüßen. Lange hatte er geübt. »Guten Morgen, Damen und Herrn.« Als die ersten Besucher kamen, hatte er plötzlich die Worte für »Damen und Herren« vergessen. Schnell lief er zu den Toiletten; denn an diesen Türen würde er die vergessenen Worte finden. Er kam in den Saal und begrüßte die Leute: »Guten Morgen, Damen und Herren.« Sie schienen es nicht zu verstehen. Er versuchte es ein zweites Mal. Einige lächelten darüber, einige lachten sogar. Schließlich wandte er sich an seinen Übersetzer: »Warum haben die Leute gelacht?« – »Oh«, sagte der, »Du hast gesagt: ›Guten Morgen, Besenkammer und Wasserklosetts.‹«

Bibelauslegung

Zwei Männer stritten sich heftig. Schließlich gab einer dem anderen eine schallende Ohrfeige und zitierte: »Wenn dich jemand auf deine rechte Backe schlägt – sagt die Bibel –, dem biete auch die andere dar.« Er hielt auch die andere Seite hin und bekam auch auf diese Seite eine Ohrfeige. Dann aber ging er auf seinen Gegner los und fing an, ihn zu verprügeln. Dabei zitierte er: »Gib, so wird dir wiedergegeben werden.« Zwei andere Männer schauten zu, und einer fragte den anderen: »Was tun die wohl?« – »Oh, die legen sich nur die Bibel aus.«

Nicht die ganze Fuhre

Es war sehr kalt, und es lag sehr viel Schnee. Am Sonntagmorgen kam nur ein Bauer zur Kirche. Der Prediger fragte ihn: »Na, was meinst du, sollen wir heute morgen einen Gottesdienst halten?« – »Ja«, sagte der Bauer, »wenn ich meine Kühe füttere, und es kommt nur eine, dann füttere ich sie auch.«

»Gut«, sagte der Prediger, »dann werde ich predigen. Zum Schluß fragte er den Bauern: »Na, was meinst du dazu?« – »Oh, wenn nur eine Kuh kommt, dann gib ich ihr nicht die ganze Fuhre.«

Warum hast du mir denn die Rechnung geschickt?

In den USA ist es so, daß jeder seine eigene Krankenversicherung abschließen muß. Ein Prediger wurde sehr krank. Der Arzt gab ihm nicht viel Hoffnung, daß er überleben würde. Doch der Patient wurde wieder gesund. Der Arzt: »Da hat Gott ein Wunder getan.« – »Ja«, sagte der Prediger, »das glaube ich auch, aber warum haben Sie mir dann die Rechnung geschickt?«